기후 협치

그린풋 04
생태민주주의시리즈

Climate Crisis
And Constitutive
Governance

기후 협치

지구 거주자들의 공생과 연대

신승철·이승준 지음

알렙

들어가는 글

이 책의 구상을 처음 시작한 시점은 박근혜 전 대통령이 탄핵되고 새로운 정부가 선출된 뒤 2년 정도 지났던 2019-2020년이었다. 당시 문재인 정부와 박원순 서울시장의 시정하에서 진행되던 시민 단체들과의 여러 형태의 협치는 정치적 논란과 함께 많은 논쟁을 불러일으키는 주제였다. 고(故) 신승철 소장과 나는 〈철학공방 별난〉의 세미나 모임인 '공동체 연구 모임'에서 이 문제를 논의한 적이 있는데, 세미나의 일부 회원들은 "협치란 다양한 공동체들을 끌어들여 노동(및 사회 운동) 세력을 자본 아래로 포섭하는 전략이다. 국가는 협치를 통해 여러 가지 형태의 저항을 길들이면서 이를 국가의 자기 발전의 전략으로 동원하고 있다. 따라서 저항적 공동체의 일원인 우리는 이러한 협치 일체를 전면적으로 거부하는 투쟁을 벌여야 한다"는 주장을 피력했다.

고 신승철 소장과 나는 협치를 둘러싼 그러한 비판에 일견 동의하면서도 그것만으로는 뭔가 부족하다는 의견을 주고받았다. 우리는 협치가 '위로부터의 일방적 지배(수목형 모델)'로 나타나는 통치와는 구별되며, 좀 더 수평적 형태(리좀형 모델)로 작동한다고 생각하고 있었기 때문이다. 그리고 협치의 밑바탕이 되는 수평적 관계를 구성하는 것이 무엇이고 그 안에서 어떤 이들이 주도적 힘을 발휘하느냐가 중요한 문제라고 생각했다. 왜냐하면 수목형 모델이 대의와 재현을 통해 그 위계적 권력 형태를 유지·보존하는 것과 달리, 리좀형 모델은 그에 참여하는 이들이 스스로 예속을 욕망하지 않는 한에서는 훨씬 더 폭넓은 형태로 자신들의 힘을 표현할 수 있으며, 이는 현실적으로는 직접 민주주의의 잠재력을 강화하고 현실화할 수 있다고 믿기 때문이었다. 그래서 우리는 협치의 개념 자체를 원천적으로 거부하기보다는 그것을 전문가나 대의주의자들이 오염시킨 형태에서 벗겨내, 아래로부터의 협치, 소수자들의 협치, 다중의 협치로 만들어내는 것이 필요하다고 생각했다.

한편, 우리는 생태주의 운동 세력이나 환경 운동 단체들, 그리고 그밖에 지방자치단체의 하부 조직에 참여하거나 그와 연계된 무수한 시민사회 단체들(사회적 경제를 표방하는 사회적 기업들을 포함하여)이 지구온난화와 생물 다양성의 감소, 생활 폐기물의 기하급수적 증가, 생태계 파괴, 기후 난민 문제 등을 '실질적으로' 해결하거나 혹은 정부 정책들에 접근하고 자금을 지원받기 위해 민관 협치에 참여하는 상황을 현실적으로 이해하면서도 그들에게 미래 투쟁의 기획, 생태민주주의를 향한 열정을 끊임없이 불어넣고, 급진적인 삶의 방식 등을 제안하는 것도 시급하다고 생각했다. 바로 이것이 우리가 이 책을 처음 기획하게 된 계기였다. 한쪽에는 근본주의의 입장에서 정부와 비타협적 투쟁의 노선을 채택하는 이들이 있고, 다른 한쪽에는 현실주의적 입장에서 정부나 지자체와 손잡는 이들(하지만 관료나 전문가들에게 주도권을 내준 상태에서 동원되는 이들)이 있는 상황에서 협치를 새롭게 사고할 대안적 길을 열어내는 방법을 찾고자 했다. 이는 한편으로 자본과 국가라는 거대한 권력의 통치 체계에 저항하면서도 다른 한편으로 실질적인 사회 문제와 생태 문제를 수평적으로 해결하는 효과적인 방안을 제안하는 것이기도 했다.

현재의 기후위기 상황에서 협치의 의제 설정과 결정권, 주도권을 시민과 다중에게 부여하고, 정부나 지자체가 그것을 제도적으로 보완·지원할 수 있다면, 협치를 정부와 관료들이 주도(우리는 그것을 '관치'로 이해한다)할 때 발생하는 탁상공론, 뻔한 결정, 성장 중심의 방향성, 인간중심주의, 전시 행정 등의 문제를 극복하는 실질적 생태 회복의 효과를 낳을 것이다. '정부나 공무원은 시민들이나 환경 단체에 예산만 지원하고 뒷짐을 지고 있으라는 것이냐'라는 반론이 있을 수 있다. 하지만 그렇지 않다. 협치에서 정부나 공무원, 전문가 들은 여전히 필요하고 또 중요하다. 단, 그들이 가진 위계적 결정권, 명령적 권력의 외피를 벗어던지고 그들 스스로 시민으로서, 다중으로서 민주적 의사결정에 참여하며, 그들이 지닌 능력을 오로지 그러한 의사결정에 투입할 때만 아래로부터의 협치는 가동될 수 있다. "리더십과 전략은 다중에게! 전술은 정부와 전문가들과 공동체들의 협의체가!"라는 전제가 보장되었을 때만 위기 대응에 있어 시민과 다중의 자발적 참여를 유도할 수 있으며, 매 순간 발생하는 돌발변수들에 탄력적으로 대응할 수도 있다. 아래로부터의 협치는 형식적이고 허약한 민주주의가 아니라, 실질적이고 강한 민주주의를 지향하며, 사회 구성원들 안에서 배제되는 존재 없이 서로를 촘촘하게 돌보는 끈끈한 연결망을 구축한다.

나와 고 신승철 소장이 이런 생각을 하게 된 밑바탕에는 그동안 우리가 함께 겪었던 경험이 놓여 있다. 우리는 학생 운동에서 시작해 현재에 이르기까지 마르크스주의자(그리고 스피노자주의자)로서 국가와 자본에 맞서는 저항 공동체들에 참여해 왔으며, 대의나 재현의 정치보다는 직접적이고 표현적인 절대 민주주의의 관점을 견지해 왔었다. 우리에게 코뮤니즘과 절대 민주주의는 다중들이 자신을 정치적으로 표현하는 두 가지 양태였다. 우리는 소수자들이 벌이는 여러 형태의 사회 운동들, 즉 여성 운동, 퀴어 운동, 장애인 운동, 노동 운동, 마을 자치 운동, 예술가들의 연합 활동, 교육 운동 등 다양한 형태의 운동들에 참여하고 지지하는 입장에 서고자 했다. 그리고 기후위기와 생물 멸종에 대한 문제의식 속에서 '생태적지혜연구소협동조합'을 설립했고 이후 마음생태, 사회생태, 자연생태 각 영역을 연결하는 '생태적 지혜'를 생산하면서 여러 생태·환경 운동들과 접속 및 연대하고자 했다. 근래에는 성장주의와 인간중심주의에 맞서 탈성장론과 탈인간중심주의에 중점을 두는 논의들에 관심도 기울여 왔다. 경제적 성장주의는 생명보다 이윤을, 공유보다 소유를, 공동체보다 개인을, 수평적 관계 맺기보다 경쟁적 성공주의를 우위에 두면서 전자(생명, 공유, 공동체, 관계 맺기)를 효율과 속도에 방해되는 요소로 바라보기 때문이다. 그것은 우리의 내면을 지배해 '성장은 좋다'는 이데올로기를 만들어내고, 이윤을 축적하거나 권력의 지위를 누리지 못한 이들, 신체적 성장이 불가능한 노인과 장애인, 사회적 중심에 자리 잡지 못하는 이주민들의 삶을 패배하고 실패한 삶, '쓰레기가 되는 삶'으로 만든다. 성장주의 시대의 정언명령은 이렇다. '버려지고 폐기되는 쓸모없는 인간이 되지 말라!', '식사 시간과 수면 시간, 놀이와 여가의 시간을 줄여서라도 성공하라!' 하지만 밥과 잠과 쉼이 없다면 누구든 어떤 생명이든 죽을 수밖에 없다.

우리는 '탈성장론'이 이러한 죽음과 고통의 문화를 역전시키는 첫걸음으로 생각했으며, 그러한 관점에서 삶과 즐거움의 문화를 만들어내는 역동적 과정을 '생태민주주의'로 이해했다. 인간중심주의가 만연한 세계에서 새, 풀, 바다, 숲, 흙, 바위, 꽃, 하늘은 늘 어떤 선택과 결정의 순간에 전면에 세워지지 못하고 뒷전으로 밀려난다. 그들은 인간이 활용해야 할 도구나 수단으로 전락하거나, 문명사회를 건설하는 데 방해가 되는 장애물로 간주되어 왔다. 그 결과 초래된 기후위기와 생물 멸종은 이제 인간만이 아닌 지구 생태계 전체를 겨냥하고 있다. 말 못하는 이들의 조용한 반격일까? 이제 인간인 우리는 기후위기 시대를 살아가기 위해서라도 이 말 없는 비인간 존재들을 이해하고 그들과 함께할 새로운 언어, 새로운 문화를 익혀야 한다. 비인간 존재들을 지구에 함께 거주하는 공동의 이웃으로 이해하고, 그들과 함께 삶의 중요한 선택을 만들어내는 습관을 길러야 한다.

우리는 석유와 가스를 에너지원으로 사용하기 위해 지구의 거대한 암석층을 잘게 쪼개고, 높고 화려한 건물을 세우기 위해 땅을 깊이 파 내려가기를 반복해 왔다. 그 과정에서 인간인 우리는 결국 우리 자신조차 버텨낼 수 없는 세계를 만들어 왔다. 무너져 구멍 뚫린 땅, 방파제 위로 솟구쳐 도시로 밀려드는 파도, 쏟아지는 태양열, 숨막히는 대기, 마실 수 없는 물, 모든 존재를 죽음으로 내모는 방사능 오염의 지대, 더 이상 도망가거나 피해 갈 곳도 없는 막다른 세상의 끝에서 우리는 생명체들을 마주보고 그들에게 '안녕' 인사를 건네는 일부터 시작해야 한다.

물론 인간중심주의에 맞서자는 말이 인간이 배제된 '대자연'이나, 기술과 기계, 인공물이 사라진 원시 세계로 되돌아가자는 뜻은 아니다. 우리의 비인간 존재에 대한 이해에는 자연생태적 존재들뿐 아니라, 인공 존재들에 대한 이해 역시 포함되어 있다. 그것들에는 오염과 전염을 유발하거나 생명을 갉아먹는 해로운 독성물질도 있다. 핵발전소, 플라스틱 쓰레기 더미, 미세먼지, 독성 화학 합성물 등이 죽음의 이미지를 떠올리게 하지만, 동시에 우리는 그것들을 주요한 행위자로 이해할 수 있어야 한다. 이들은 인간의 손에 의해 만들어졌지만, 인간의 통제를 벗어나 세계 내 거주자들에게 독자적으로 작용하고 있기 때문이다. 우리는 이런 비인간 존재자들이 생태민주주의적 결정 속에서 말하게 해야 한다. 기후 협치 속에서 새로운 제도를 만들어 비인간 존재들을 주요한 행위자로 배치해야 한다. 그것들을 더 많이 만들고 활성화시키자는 것이 아니라 그것들이 세계 내 거주자로서 공생할 수 있도록, 함께 살고 함께 즐거울 수 있도록 변신시켜야 한다는 말이다. 그리고 어떤 존재를 이 세상 속에서 삭제 및 무화(無化)시킬 수 있다는 관점을 버려야 한다. 존재는 무(無)일 수 없으며, 늘 되기와 변신 속에 놓여 있다는 관점을 견지하면서 모든 존재의 공생과 공존을 향하게 하자. 이를 위해 우리는 이성적이고 합리적인 언어만으로는 접근조차 할 수 없는 새로운 언어를 익혀야 한다. 시적 언어, 감성적 몸짓, 비규칙적 선율, 차이 나는 반복의 리듬, 비표상적 기호들, 인류가 어렴풋하게나마 익혀 왔던 낯선 언어들을 활용하되, 그조차도 넘어설 수 있는 새로운 정동을 일으킬 수 있어야 한다. 이 책은 바로 그 새로운 정동의 생산을 위한 작은 노력이리라.

처음 원고를 작성할 당시에 우리는 기후재난을 벗어날 유효한 정치적 형태가 전 지구적 협치라고 생각하면서 그것을 위로부터의 제국적 협치와 아래로부터의 구성적 협치가 갈등하는 구도로 이해했다. 즉 기후위기의 대책으로 각국 정상들 간의 가변적이고 임시적인 협의 사항이 각 지역의 정부와 국민에게 하향적으로 강제되는 형태(가령 그린 뉴딜에 따른 녹색 산업 육성, 탄소 규제, 재생에너지로의 전환 등)가 가진 문제를 지적하면서 전 세계적 사회 운동 속에서 자기의 모습을 드러내는 다중의 민주적 연합과 의사결정이 위기에 맞서는 대안을 구성할 실질적 형태가 되어야 한다고 생각했다. 기후위기는 특정 지역이나 특정 인물군에 한정되지 않고 전 인류가 관여되는 만큼, 그 당사자 전체가 자발적으로 삶의 변화를 일으키는 것만이 대안을 구성할 수 있기 때문이다. 그런데 시간이 지나 주요 선진국들의 우경화가 거세지고 일부 국가의 지도자들(대표적으로는 도널드 트럼프)이 협치를 거부하는 상황이 연출되었기에, 이제는 기후 협치 자체를 전면에 부각시켜야 할 필요성이 제기되었다. 우리가 이 책의 제목으로 '기후 협치'를 내세운 것은 바로 그런 이유에서 기인한다.

우리는 1장 〈탈성장 사회와 구성적 협치〉와 2장 〈협치의 기본 구도〉를 통해 오늘날의 국제 정치에서 왜 협치가 부상하게 되었으며, 전 지구를 둘러싼 권력 지형에서 협치가 어떻게 두 가지 형태를 띠게 되는지, 그리고 오늘날의 기후위기 속에서 '구성적 협치'가 어떻게 국내적·국제적으로 기능할 수 있는지 등을 밝히고자 했다. 이처럼 협치가 두 가지 형태로 나타난다는 것은 현실 세계 속에서 내려지는 주요한 결정에 늘 갈등하는 두 힘의 질서가 존재하고 그것들이 서로 다른 방향을 지향하고 있다는 것을 말해 준다. 한쪽에는 국민국가와 초국적 자본이 서로의 이해관계를 실현하는 거대한 제국적 주권의 질서가, 다른 한쪽에는 함께 살기와 공생공락을 중심에 두는 다중과 풀뿌리 공동체들의 질서가 우리 세계 안에서 충돌하고 있는 것이다. 우리는 이 힘의 대결을 이해하면서도 그러한 대결의 질서를 바라보는 시선이 주로 인간 행위자들 간의 갈등에 한정되어 있음을 자각하고 비인간 행위자들을 '구성적 기후협치'의 무대에 세울 이론적 단초를 제공하고자 했다. 3장 〈구성적 협치의 사상가들〉은 바로 이러한 문제의식하에서 브뤼노 라투르, 펠릭스 가타리, 안토니오 네그리와 마이클 하트, 도나 해러웨이의 철학적 사유가 인간 행위자를 넘어서는 대안적 행위자 개념을 제공한다는 점을 밝히고자 했다. 그들은 각각 '네트워크', '제도적 관계망', '다중의 어셈블리', '공생체의 공-산'을 통해 역동적인 구성적 협치 개념을 제시하고 있고, 그러한 협치에서는 기계, 동물, 식물, 광물과 같은 비인간 존재들이 인간과 결합되어 새로운 존재 양식(혹은 삶-형태)을 창출해 낸다. 우리는 이를 '공생적 협치'나 '공-산적 협치'로 표현했는데, 우리가 생각하기에 그것은 구성적 협치 개념을 존재론적으로 더욱 풍부하게 만드는 계기가 될 것이다. 4장 〈거버넌스의 사례들〉은 한편으로는 '기후 협치'를 관료와 전문가 중심의 형태로 시행할 때의 한계를 지적하고, 다른 한편으로는 '기후 협치'의 구성적이고 공생적인 형태가 그저 먼 미래에 만들어져야 할 어떤 당위로서가 아니라 이미 현실 속에서 여러 가지 형태로 구현되었음을 밝히는 데 초점을 두었다. 마지막으로 5장 〈기후재난에서의 자원 관리의 협치〉는 '기후 협치'를 아래로부터 구성할 때 어떤 요소들이 신중하게 다뤄져야 하는지, 그리고 우리가 협치를 구성할 때 기존의 관계망에서 무엇을 활용할 수 있는지를 제시하고자 했다.

이렇게 책의 초고를 마무리하고 사흘 후, 신승철 소장은 영면에 들었다. 그 뒤로 2년이 흐른 지금에야 나는 이 책의 마지막 문장들을 쓸 수 있었다. 때로는 눈물로 앞이 보이지 않았고, 때로는 너무 깊은 우울과 무력감이 이 작업을 멈추게 했다. 아마도 그가 그만큼 내가 뭔가를 행하는 데 있어 결정적인 동기를 부여하는 사람이었기 때문일 것이다. 대학 동아리방 구석에서 100원짜리 자판기 커피를 같이 마시면서 시작된 그와의 첫 만남은 내 삶의 가장 큰 행운이었다. 그는 스피노자와 마르크스, 네그리, 들뢰즈·가타리의 사상을 일깨워준 스승이었으며, '다중문화공간 왑(WAB)'과 자율평론, 한국철학사상연구회 등과 접속하게 도와준 선배였고, 여러 형태의 시위와 투쟁을 함께한 동지였다. 연애든, 건강이든, 인간관계든 어리숙하고 서툰 나의 일상적 삶의 고민을 들어주고 돌봐준 형이기도 했다.

그렇게 함께 울고 웃고 말다툼하고 화해하고 함께 이야기하고 사유하면서 30년이 흘렀다. 지금도 여러 모습이 눈앞에 선한 그는 이제 다른 존재가 되었다. 그의 신체는 해체되어 무수한 입자들로 쪼개지고, 이제는 자신이 사랑했던 세계 내 저 무수한 인간적·비인간적 존재들 속으로 스며들고 새겨져 다른 방식의 삶을 영위하고 있으리라. 그리고 그것이 그가 세상을 이해하던 방식이었다.

존재들은 언제나 흐르고, 그 흐름과 되기의 과정을 벗어나 초월할 수 있는 것은 아무것도 없다. 모든 존재는 내재적이면서 구성적이다. 그러한 구성적 운동이 일시적으로 결합된 형태가 특이한 존재를 만들어내고, 그러한 특이성이 새로운 재특이화를 생산하고, 다시 차이 나는 새로운 반복이 생성된다. 그는 지금도 나의 마음 안에서 슬픔보다 기쁨을, 죽음보다 삶을, 분노보다 사랑을 노래하라고 재촉한다. 그는 삶과 생명을 사랑하자고, 늘 서로에게 스며드는 '함께 되기'의 과정에서 사랑하자고 속삭인다. 가깝고 익숙한 것보다 멀고 이질적인 것을, 지배적인 것보다 소수적인 것을 더 사랑하자 말한다.

   이 책은 함께 쓴 책이지만, 그 '함께'에는 우리 두 사람만 있는 것은 아니다. 신승철이라는 존재의 몸과 사유를 만들어냈던 이윤경 님과 생태적지혜연구소의 동반종들인 대심이, 달공이, 모모, 길동이, 또봄이는 우리들 옆에서 삶의 활력을 북돋아주었다. 생태적지혜연구소협동조합의 이사진인 강영란, 권범철, 김은제, 유혜진, 장윤석, 홍웅기, 홍승하와 여러 조합원들, 연구공간L, 철학공방 별난의 구성원들. 페미니즘세미나-고전읽기모임-신유물론세미나-신승철책읽기모임-천개의고원세미나-서로살림생협인문학모임-다람쥐회대안경제모임-생태주의자모임-지혜모임 그리고 우리들이 참여했던 공동체연구모임-정동특별팀-스피노자세미나-네그리세미나 등 여러 정규적·비정규적 모임들. 가족이자 동료들인 김신윤주 작가, 신세리 교수, 한국철학사상연구회의 여성과철학분과, 신유물론분과 등도 우리가 책을 써 나가는 데 큰 힘이 되어주었다. 끝까지 포기하지 않고 원고 마감을 기다려준 알렙 출판사 조영남 대표와 출판사 구성원들 역시 책을 만드는 데 결정적인 기여를 했다.

그리고 마지막으로 이 책의 숨은 저자인 세계 모든 인간·비인간 존재들, 그들이야말로 '기후 협치'의 진정한 주인공들이다.

2025년 8월

이승준

차례

들어가는 글　　　　　　　　　　　　　　　　6

1장 탈성장 사회와 구성적 협치

기후재난 시대의 도래	25
대안으로서의 탈성장 전환 사회	32
탈성장과 민주주의들	44
탈성장과 커먼즈 경제	56
탈성장을 실현하는 구성적 협치	67

2장 협치의 기본 구도

전 지구적 위기들과 대의정치의 민낯	73
거버넌스(협치)란?	80
협치의 기본 이해: 통치, 관치, 법치, 협치	85
협치의 작동 방식	91
공동체, 공공, 시장만으로 운영되는 거버넌스의 한계	99

3장 구성적 협치의 사상가들

브뤼노 라투르의 사물 정치와 공생적 협치　　　117
펠릭스 가타리의 제도 요법과 구성적 협치　　　145
네그리·하트: 다중의 어셈블리로서의 협치　　　180
도나 해러웨이의 공-산적 협치와 이야기 만들기　　　202

4장 거버넌스의 사례들

유엔의 '지속가능발전목표'에서의 거버넌스　　　225
한국의 지속가능발전 목표의 기본 지표　　　230
녹색서울시민위원회에서의 거버넌스와 좌절의 시절　　　232
케이트 레이워스의 도넛경제학의 구도　　　235
녹색도시: 파리의 15분 도시　　　236
고베생협과 지역 생협의 위기 시 대응 방법　　　239
초대형 허리케인 윌마에 대한 쿠바의 대처　　　243

5장 기후재난에서의 자원 관리의 협치

재난 시 가용 자원의 여부	247
재난 시 푸드플랜과 도시농업	250
라이프라인이 끊겼을 때의 회복탄력성	252
재난 시 돌봄	254
재난 시 민회로서의 주민자치회의 역할	256
일상적 관리와 위기 시 전환의 필요성	258

에필로그: 구성적 협치를 통한 연합과 탈성장	261
참고문헌	273

# Climate Crisis
And Constitutive
Governance

1장

탈성장 사회와 구성적 협치

기후재난 시대의 도래

기후위기는 그저 우리에게 앞으로 임박한 미래로서만이 아니라 현재 우리의 삶을 지배하는 실질적이고 긴급한 사태이다.[1] 우리가 살아가고 있는 현재 2020년대의 시간은 지구 생태계와 전 인류 그리고 미래의 생명 모두의 생사가 걸린 결정적인 시기이다. 지구 생태계를 이루는 다양한 구성 요소 중 일부에서 이미 임계점을 넘어섰거나 임계점이 임박했음을 알리는 신호가 확인된다. 산업화가 본격화한 19세기 후반과 비교했을

---

1 이 장은 이승준, 「기후위기 시대, 사회적 전환과 생태민주주의」, 〈불교환경연대〉 제8차 포럼에서 발표한 미간행 논문을 수정 및 확장한 글이다.

때 2024년 지구 평균 온도는 1.2°C 이상 더 뜨거워졌다. 〈기후변화에 관한 정부간 협의체(IPCC)〉의 최근 평가보고서들(특히 5차, 6차 보고서)은 온난화의 목표를 1.5-2°C로 설정하고 그 기조를 줄곧 유지해 왔지만, 1.5°C 상승은 파국의 전조일 뿐 절대 안전한 수치가 될 수 없다는 것은 세계에서 가장 영향력 있는 기후학자들의 견해에서도 확인된다.

현재의 온난화가 10년당 대략 0.2°C 비율로 상승하는 추세를 지속한다는 전제에서, 2030년에 1.5-1.6°C, 2050년에 2°C, 2100년에는 3°C 상승이 예측된다고 보고되지만, 온난화는 순탄하고 비례적으로 증가하는 것이 아니라 지구 생태계의 다른 여러 요소와 상호 연쇄 작용을 일으켜 더 빠르고 예측하기 힘

온난화 1.5℃ 목표 · 생태 개념어 쪽지 ·

〈독일 포츠담 기후영향연구소〉 명예소장 한스 셸른후버는 현재의 온난화만으로도, "우리가 우리 문명을 끝장낼 아주 큰 위기"를 겪을 것이라고 말한다. 그는 기후변화가 "이제 끝판으로 치닫고 있으며, 머지않아 인류는 전례없는 조치를 취하거나, 아니면 그것이 너무 늦은 일이 돼버려 발생할 결과를 견디는 일을 받아들이는 것 중에 하나를 택해야만 한다"고 경고한다. 또한 영국 정부의 자문위원인 데이비드 킹 경은 "안전을 위해서는 지구 온도가 1.5℃ 이상 상승해서는 안 된다"는 주장을 제기하고 이를 2015년 파리협약에서 관철시키는 데 성공했지만, 최근에는 "지금은 이것이 잘못이었음을 깨달았다. (……) [현재까지의] 1.1℃ 상승만으로도 너무 위험하다"고 밝히고 있다. 해당 자료의 한글 번역문은 호주 내셔널 기후복원센터, 「실존적인 기후관련 안보위기: 시나리오적 접근」, 〈생태적지혜미디어〉, 2019년 7월 11일 발행을 보라.

든 형태로 진행된다는 점이 〈파리협약〉(2015) 이후 확인되었다. 이것이 의미하는 것은 현재까지 확인되는 여러 기후변화 시나리오 중 가장 보수적인 견해 중 하나인 IPCC 보고서조차 2030-2040년 사이 어느 시기에는 이미 지구온난화가 1.5°C에 도달하거나 그 이상이 될 것이라고 예상한다는 점이다. 1.5°C 온난화는 기후변화가 불가역적인 상황에 들어가는 진입로이며, 그 결과가 전 지구 생태계에 얼마나 치명적 위험을 초래할지는 정확히 가늠도 되지 않는다. 요한 록스트룀(Johan Rockstrom)과 오웬 가프니(Owen Gaffney)는 이렇게 말한다. "기후 시스템의 티핑포인트는 산업 혁명 전과 비교한 지구 평균 기온 상승치, 즉 지구온난화 1-2°C에 있다는 점이다. 이 한계선에 도달하는 순간 대부분의 산호가 소멸할 것이며, 최소한 하나 이상의 남극 빙상은 녹아서 사라질 것이다. 기후변화에 대한 연구 초기에 티핑포인트가 지구온난화 2°C 근방일 것이라는 예측이 많았지만, 최근의 연구 결과는 이보다 낮게 예측한다. (……) 우리는 본격적인 이상 징후를 발견하고 있다. 기록적인 폭염, 계속 녹는 빙하, 산호의 대량 죽음, 아마존 열대 우림의 이산화탄소 흡수량 감소 등이 대표적인 징후이다."[2]

---

2 요한 록스트룀, 오웬 가프니, 전병옥 옮김, 『브레이킹 바운더리스』, 사이언스북스, 2022, 123-124쪽.

지난 수년간 나타났던 기록적인 폭염과 이상 기온 현상은 우리의 일상생활이 더 불편해졌다는 것 이상으로, 전체 지구 기후 시스템에 강한 파급력을 미치면서 더욱 빠른 온도 상승을 야기하는 연쇄적 붕괴들과 연결된다. 대표적 현상으로는 남극과 북극의 빙하 붕괴와 툰드라 지역의 영구동토층 유실, 호주를 비롯한 전 세계 해양의 산호 소멸 등이 있다. 영국의 《가디언》을 비롯해 유수의 해외 잡지들은 2014년 이래로 줄곧 남극의 빙하 붕괴에 대해 경고해 왔는데, 최근에는 남극 서쪽에 있는 세계에서 가장 큰 빙하인 스웨이츠 빙하의 붕괴가 가시화되었으며 10년 이내에 최종 소멸할 것이라는 예측이 나왔다. 그 결과는 끔찍하다. "[스웨이츠 빙하의] 붕괴의 시기가 매우 불확실하다고는 하지만 붕괴의 결과 해수면은 65센티미터 정도 상승할 것이다. 인근 빙하는 같은 분지로 흘러 들어가기 때문에 스웨이츠 빙하의 소멸은 결국 남극 서쪽 빙하 전체의 유실로 이어질 것이며, 그 결과 [지구 전체의] 해수면은 3미터 이상 높아지고 2억 5천만 명의 목숨과 생계가 위험에 빠질 것이다."[3]

---

3 이에 대해서는 〈호주 내셔널 기후복원센터〉의 2022년 보고서 「기후 도미노」를 참고하라. 해당 자료의 한글 번역은, 호주 내셔널 기후복원센터, 「기후 도미노: 중대한 기후 시스템들이 임계점에 도달했음을 알리는 위험신호」, 이승준·박성진 옮김, 〈생태적지혜미디어〉,

북극의 온난화는 더욱 심각하다. 현재 북극은 전 세계 평균 온도보다 4배 이상 빠르게 뜨거워지고 있으며,[4] 2030년에는 북극 여름 빙하가, 2050년에는 북극 전체 빙하가 사라질 것으로 예상된다. 빙하의 유실은 매년 발생한다지만 전체 빙하가 유실된다는 것은 더 이상 과거 상태로의 회복은 불가능하다는 점을 말해 준다. 이는 그린란드를 비롯한 북극 인근 지역의 온도 상승을 초래하며 그 결과 영구동토층의 해빙(解氷), 더 다량의 탄소 배출, 급격한 해수면 상승, 특정 지역들의 이상 기온 현상 및 세계에서 가장 인구가 밀집한 대도시들의 침수 등을 유도할 것이다. '덴마크 그린란드 지질연구소'가 2021년에 발표했듯이, 그린란드는 이미 임계점을 넘어서 회복 불가능한 상태에 진입했다. "그린란드는 현재 기술적으로 [1.2°C에서] 생존 가능성의 문턱을 넘어서 있다. (……) 1.5°C가 의미하는 것은, '문턱을 넘어선' 상태가 확대되고, 얼음덩어리의 유실이 복잡하고 비선형적이며 증폭된 반응이 되어 빙하가 그것의 생존 가능성의 문턱을 넘어선 곳에 계속 머무는 일을 확실하게 만든

2022년 8월 26일 발행을 보라.

[4] Voosen, P., 'The Arctic is warming four times faster than the rest of the world', *Science*, 14 December, 2021. 호주 내셔널 기후복원센터, 「기후 도미노」에서 재인용.

다는 것이다."⁵ 그리고 그것은 현재 그린란드 최정상에서 0°C 이상의 온도가 관측되고 눈이 아닌 강우가 나타나고 있다는 점에서 확인되는데, 이는 최정상에서부터 녹아서 아래로 흐르는 담수가 그린란드 전체 빙하를 침식·후퇴시키고 결국 이후에는 빙하 전체를 서서히 소멸시킬 것임을 예상하게 한다.

지구온난화의 연쇄 파급 효과는 해양 생태계에도 치명적이다. 세계에서 가장 거대한 규모의 산호 숲인 호주의 '그레이트배리어리프(대보초)' 지역에서는 매년 산호의 백화 현상이 확인되고 그 기간과 범위가 점점 더 광범위해지고 있다. 지난 40년 동안 '그레이트배리어리프'의 산호는 4분의 3이 감소했으며, 최근의 잦은 백화 현상으로 인해 산호 재생률은 전보다 89퍼센트 이하로 떨어졌다. 이는 현재의 1.2°C 온난화 상황만으로도 산호 지대에는 회복 불가능한 타격을 가한다는 점을 말해 준다. 더욱 우려스러운 것은 해양의 산호는 여름 동안 바다가 뜨거워질 때 무수한 해양 생물체들의 피난처가 되고, 또한 대기 중 탄소를 머금으면서 지구의 열을 식히는 중요한 기능을 해왔지만, 이제 그 기능이 크게 약화될 것이며 그 결과 지구온

---

5 N. Breeze, 'Professor Jason Box | Greenland today & [not for] tomorrow#COP26 Glasgow', 12 November, 2021, youtube.com/watch?v=P6LrGetz10g, 호주 내셔널 기후복원센터, 「기후 도미노」에서 재인용.

난화는 더 걷잡을 수 없이 빠르게 가속화될 것이라는 점이다. 이처럼 지구 생태계 구성 요소의 일부는 회복 불가능하게 파괴되었으며, 서로 연쇄적인 파급효과를 일으키면서 전체 생명계를 파국으로 몰아가고 있다. 이에 대해 마티아스 클룸과 요한 록스트룀은 이렇게 경고한다. "[여러 요소 가운데 이미] 세 가지 즉 기후변화, 생물 다양성 손실, 전 지구적 질소 순환"은 "지구 한계를 넘어섰다. 토지 이용 변화(삼림 벌채와 도시 확장 탓이다), 담수 이용(식량에 대한 요구가 꾸준히 느는데 식량을 생산하려면 다량의 담수가 필요하기 때문이다) 같은 나머지 문턱값들도 위기에 처해 있다."[6]

그렇기에 우리는 지금 당장 지구의 생태계를 안정되게 유지할 특단의 조치와 행동이 필요하다. 현재에도 지구 전역의 탄소 배출량은 지속적으로 증가하고 있으며, 그와 직접 연동된 세계 총인구는 81억 명을 넘어섰다. 지구 인구가 향후 20년 안에 100억 명을 돌파할 것으로 예측된다는 점을 고려했을 때 탄소 배출량 역시 그에 비례해 증가할 것이다. 앞서 언급한 여러 요소(남북극 빙하, 산호, 해양 생태)의 파괴 또한 더 가속화·가시화될 것이다. 탈성장 사회와 전 지구적인 기후 협치를 주장하

---

[6] 마티아스 클룸·요한 록스트룀, 김홍옥 옮김, 『지구한계의 경계에서』, 에코리브르, 2017, 113쪽.

는 근거는 바로 이러한 부정적 진단에서 시작된다. 즉 파국과 죽음의 행렬이 임박했으며, 이것을 막기 위한 우리의 불가피한 선택지가 '탈성장 사회'이고 그것을 이루는 원리가 '아래로부터의 기후 협치'이다. 하지만 이러한 부정적 진단에도 불구하고 탈성장 사회는 또한 모든 생존권 투쟁이 그렇듯 더 안전하고 행복한 삶, 더 나은 내일을 희망하며 그 조건을 만들어내기 위한 긍정적이고 구성적인 기획이기도 하다. 지금까지 인류가 살아왔던 삶의 방식(그리고 생태계를 바라보는 태도, 민주주의에 대한 인식, 국가와 정치권력에 대한 입장, 인간을 규정해 왔던 언어와 관점 등)을 획기적으로 변혁하자는 '탈성장'의 구호는 그것을 실행하는 어려움과 함께 여러 가지 내적 난관을 넘어서야 하는 과제가 남아 있다. 아래에서는 탈성장론이 왜 민주주의를 지향하고, 또 탈성장론을 현실적으로 실행하기 위해 필요한 조건이 무엇인지를 밝힐 것이다.

대안으로서의 탈성장 전환 사회

디그로스/데크로상스(de-growth/decroissance)라는 말을 번역한 단어인 탈성장은 앙드레 고르(Andrè Gorz)에 의해 1972년 파리의 어느 토론에서 처음 사용되었다. 고르는 이렇게 질문했다. "지구의 균형을 이루기 위해서는 물질 생산에 있어서 무성장, 나아가 탈성장이 필요조건이다. 그렇다면 지구의 균형은 자본주의 시스템과 양립할 수 있는가?" 이러한 질문 이후 몇 년 뒤 그는 탈성장의 관점을 보다 분명한 전망하에서 다음과 같이 밝힌 바 있다. "결국 문제는 더 많은 소비를 억제하는 것이 아니라, 소비 자체를 줄이는 것이다. 미래 세대를 위해 아직 남은 자원을 보전하는 길은 이것뿐이다. 이것이 바로 생태적 현실주의이다. (……) 오늘날 비현실적인 주장은 탈성장을 통해 더 많은 복지를 이루고, 우리 시대를 지배하는 삶의 방식을 전복하자는 주장이 아니다. 경제 성장이 여전히 인간 복지를 증진하고, 물리적으로 경제 성장이 가능하다고 상상하는 것이 바로 비현실적이다."[7]

이처럼 탈성장론은 처음에는 "경제 성장 추구의 종식"을 내세우며 시작했지만, 그것이 단지 자본주의적 정책 입안자들이 내세우는 고통스러운 내핍을 요구하거나 프로테스탄티즘이 이상화한 욕망 억제의 금욕주의적 세계를 만들어내자고 주장하는 것은 아니다. 오히려 반대로 경제 성장을 삶의 목표로

---

[7] 자코모 달리사·페데리코 데마리아·요르고스 칼리스, 강이현 옮김, 『탈성장 개념어 사전』, 그물코, 2018, 21-22쪽, 재인용.

내세우는 현재의 사회가 바로 그 목표인 성장을 실현하기 위해 금욕주의와 내핍 정책을 모두에게 강제하고 있다는 점에서, 탈성장론은 지구 생태계 곳곳에서 위기를 증폭시키는 산업 생산 시스템, 토지·삼림·해양에 대한 개발주의적 접근, 이윤 중심의 팽창적 자본주의를 중단하고 지구에 사는 모두를 풍요롭게 하면서 더 건강한 삶을 만들어낼 수 있는 다른 형태의 삶과 경제를 추구하는 것을 목적으로 삼는다. 즉 탈성장론은 "행복을 삶과 사회의 목적으로 삼음을 옹호"하며, "모두를 위한 좋은 삶을 건축하려는 움직임을 촉구"하는 데 그 목적이 있다.[8]

또한 탈성장론은 유토피아를 꿈꾸는 낭만적 주장이 아니다. 오늘날 탈성장은 전 세계에서 여러 형태의 실제적 운동으로 전개되기 때문이다. 가령 2000년대 초반 프랑스에서 시작된 탈성장의 구호가 2004년 이탈리아에서 녹색 및 반세계화 운동가들에 의해 시위에서 활용되기 시작했다. 2011년에는 "긴축 반대, 금융권 구제 중단, 빈곤 퇴치와 실업 문제 해결, 이민자 공격 중단" 등을 내세운 '인디그나도스(분노한 사람들)' 시위에서도 그 모습을 드러냈다. 2004년 이후 프랑스에서 열린 여러 학회 행사 등에서 탈성장은 중요한 사회적 이슈로 다

---

[8] 요르고스 칼리스·자코모 달리사·페데리코 데마리아·수전 폴슨, 우석영·장석준 옮김, 『디그로쓰』, 산현재, 2021, 29쪽.

뤄지고 있으며,《라 데크로상스: 삶의 즐거움에 관한 잡지》등의 발행을 계기로 보다 대중적인 관심을 얻어가고 있다. 이것은 대중들의 직접 행동과도 연결되는데, 가령 2004년 프랑수아 슈나이더는 탈성장을 알리기 위해 당나귀를 타고 1년간 프랑스 전역을 여행해 언론의 주목을 받기도 했다. 슈나이더는 2007년에는 데니스 바욘, 파브리스 플리포와 함께 〈연구와 탈성장〉이라는 이름의 단체를 설립하고 이후 환경 정의 단체들과 일련의 국제회의를 조직하면서 탈성장론을 전파하고 있다. 탈성장을 주제로 삼는 국제 연구 공동체들의 연합회의가 2008년 파리를 시작으로, 바르셀로나(2010), 몬트리올(2011), 베니스(2012), 라이프치히(2014), 부다페스트(2016) 등에서 개최되었는데, 이는 유럽과 제1세계 지역만이 아니라, 멕시코, 브라질, 푸에르토리코에서도 깊은 공감을 받으며 사회 운동, 학술 행사, 정치 기획으로 확산하고 있다.[9] 우리나라에서 탈성장론은 생태주의를 표방하는 일부 단체(우리가 참여하는 '생태적지혜연구소'가 그런 단체 중 하나다)나 기후행동 조직 그리고 '기후비상행동 연석회의'의 일부(해당 참여 단체가 모두 탈성장에 동의한 것은 아니다)에서만 자신의 구호로 수용되는 데 그치고 있다. 하지만 최근 2-3년 동안에는

---

9 이에 대해서는 자코모 달리사 · 페데리코 데마리아 · 요르고스 칼리스, 『탈성장 개념어 사전』, 21-26쪽을 참고하라.

《문화과학》,《여/성이론》,《뉴 래디컬 리뷰》를 비롯한 여러 주요 정치적·학술적 잡지에서 '탈성장'을 주제로 한 특집호를 발간하면서 한국 내에 잠재된 탈성장에 대한 대중적 관심을 반영하기도 했다.[10]

    탈성장에 대한 논의는 기본적으로 성장, 그것도 경제적으로 수치화된 이윤이나 소득, 생산량, 수출량 등의 양적 증가에 기반한 경제성장주의에 대한 비판을 출발점으로 삼는다. 하지만, 최근에는 더 넓은 개념적 의미에서 성장의 관점을 문제 삼는 이들도 있다. 비록 성장이 모든 존재에게 중요한 삶의 과정일 수 있지만, 그렇다고 성장 자체를 삶의 '가장 중요한' 목적으로 바라보거나 모든 생명 활동 및 상호작용을 성장의 관점에서 바라보는 것은, 경제성장을 이데올로기의 근간으로 삼았던 근대적 세계관의 반영일 수 있기 때문이다. 근대가 우리 자신에게 추동시켰던 성장은 늘 더 크고, 더 많고, 더 화려하고, 더 정교하고, 더 복잡한 것을 지향하는 경향이 있다. 개인사에서 성장은 그러한 이데올로기를 반영하는 것으로 이해되었으

---

10 이에 대해서는, 「기후위기에서 기후 정의로」,《뉴 래디컬 리뷰》, 통권 2호, 도서출판b, 2021과 「탈성장: 기후위기와 불평등 심화, 방향전환의 열쇳말」,《여/성이론》, 통권 47호, 도서출판 여이연, 2022, 그리고 「기후 생태 커먼즈」,《문화과학》, 통권 109호, 문화과학사, 2022 등을 보라.

며, 따라서 우리는 한 인격체의 성장을 '키가 늘어났다, 몸집이 더 커졌다, 하루에 할 일이 더 많아졌으며 더 많은 일을 해낼 수 있다, 외모를 꾸미고 더 비싸고 좋은 의복을 착용했다, 더 빠르게 달릴 수 있게 되었다, 세상만사를 두루두루 살핀다'와 같은 신체와 정신이 양적으로 팽창하거나 질적으로 더 정교하고 복잡해지는 것과 동일시하곤 했다. 키가 줄어들거나 하루에 할 일이 더 적어지거나 외모가 더 투박해지거나 더 느려지는 것을 견딜 수 없어 하는 근대인들에게는 신체가 늙어간다는 것, 노동보다는 휴식을 취하며 단순한 생활을 즐기는 것, 천천히 걷고 적게 움직이며 고민거리를 줄이는 것은 생명력의 감소나 지체, 퇴보로 간주되었다. 여러 저자들이 탈성장을 반-경제성장론에 한정해 해석하는 데 비해, 권범철은 성장 중심의 세계와 우리의 노동 관념이 서로 연결되었음을 이해하면서 다음과 같이 지적한다. "자본주의에서 새롭게 발명된 것은 '끝없는 노동의 부과'다. 즉 자본주의란 무엇보다 우리에게 일을 강제하는 시스템, 우리를 끝없이 일하게 함으로써 자신의 지배력을 유지하는 시스템이다. 달리 말하면 자본주의는 우리가 각자의 본분을 지킬 때—열심히 일할 때—번성하는 시스템이다. (……) 일자리에 종사하는 이들은 자신이 별달리 할 일이 없더라도 늘 바쁘게 일하고 있다는 인상을 상사에게 남겨야 한다고 느낀다. 이렇게 열심히 일하는 모습을 전시해야 한다는 의무감을 느끼는 노동자는 자기 감시를 수행하는 파놉티콘 속 재소자와 별다른 차이가 없다."[11] 탈성장론은 물론 반-경제성장론이지만, 그 이상으로 발전주의적 국가 이데올로기나 성장 중심의 세계관에 맞서는 정치적·철학적·문화적 기획이 될 필요가 있다.

이런 점에서 탈성장론은 경제 지상주의의 논리로부터 삶의 방식을 분리해 내고, 경제 성장을 사회의 공동 목표에서 제외할 것을 주장하면서, 더 적은 자연 자원을 이용하고, 오늘날과 다른 방식으로 삶을 구성하는 사회에 대한 희망을 반영한다. 그런 이유로 탈성장은 '적을수록 풍요롭다'라는 발상과도 연결된다. 탈성장은 생산과 분배 규모의 경제를 공정하게 축소하는 것을 지향하며, 이러한 축소에 따라 사회의 에너지와 원료 처리, 폐기물의 양을 줄이게 될 것이다. 하지만 이때 탈성장론은 단순히 '성장'과 팽창의 반대말인 '적거나 작음', '수축'의 실현보다 정확히는 '다름'에 초점이 있음을 강조한다. 탈성장은 더 적은 신진대사 활동을 지향하지만, 이는 다른 구조와 새로운 기능을 가진 삶의 방식을 추구하는 사회를 지향한 결과

---

11 권범철, 「생태위기와 돌봄의 조건」, 《문화과학》, 통권 109호, 2022, 77-78쪽.

라는 의미이다. "탈성장의 목표는 코끼리를 날씬하게 만드는 것이 아니라, 코끼리를 달팽이로 변환하는 것이다. 탈성장 사회에서는 모든 것이 달라진다. 즉 다른 활동, 다른 에너지 양식과 이용, 다른 관계, 다른 성 역할, 유급과 무급 노동 간의 시간 할당 변화, 인간과 비인간 세계 사이의 관계 변화 등을 기대할 수 있을 것이다."[12]

이런 이유로 해서 탈성장론은 다른 생각·개념·제안을 수용할 수 있는 새로운 삶의 패러다임을 제공하고자 한다. 이러

적을수록 풍요롭다 · 생태 개념어 쪽지 ·

'적다'는 것은 '소유'의 관점에서 더 적음을 말하는 것이지만, 그래서 적을수록 우리는 더 가난하지만, 그것이 때로는 더 좋은 삶의 풍요를 가져오기도 한다. 가난 그 자체 때문에 풍요롭고 행복한 것이 아니라, 가난이 서로를 더 강하게 연결시키고 그러한 연결을 통해 삶이 더 풍요로워진다는 의미이다. 가난은 그것을 구성과 민주주의의 관점에서 본다면, 부족함이나 결여가 아니라 풍요로운 정치적 구성을 이루게 하는 계기이자 사랑을 정치적으로 실현하게 만드는 출발점이다. 제이슨 히켈은 이렇게 말한다. "가장 장수하는 니코야 사람들은 모두 그들의 가족, 친구, 이웃들과 견고한 유대관계를 맺고 있다. 나이가 들어서도 그들은 연결되어 있음을 느낀다. 스스로가 가치 있다고 느낀다. 실제로 가장 빈곤한 가구들이 가장 긴 기대수명을 갖는데, 왜냐하면 그들은 함께 살며 서로에게 의지할 가능성이 높기 때문이다." 제이슨 히켈, 김현우·민정희 옮김, 『적을수록 풍요롭다: 지구를 구하는 탈성장』, 창비, 2021, 244쪽.

---

12 자코모 달리사 외, 『탈성장 개념어 사전』, 27쪽.

한 패러다임은 적어도 다음 세 가지 요소로 구성된다. 첫째, 경제적 팽창을 목표로 하는 발전 중심의 성장관에 대한 비판, 둘째, 영속적 성장을 필요로 하는 사회구조인 자본주의에 대한 비판, 셋째, 생명과 공존을 중심에 두는 세계 및 사회의 구축이 그것이다. 상품화에 대한 비판이 이러한 논점에 뒤이어 나온다. 상품화는 사회적 생산이나 사회생태적 교류, 인간 활동의 특수한 형태, 자연력, 심지어 인간 신체 자체 등 지구 전체에서

폐기물 상품의 부메랑 효과　　　　　　　　　　　· 생태 개념어 쪽지 ·

오늘날 자본은 이윤 극대화를 위해 사용가치를 상실한 비생명 활동이나 폐기물도 상품화·가치화하는 경향으로 나아간다. 가령 2005년 쓰나미로 인해 소말리아 해안가에는 유해 폐기물을 실은 녹슨 컨테이너들이 흘러들었다. 이는 산업 폐기물을 가득 실은 이탈리아의 원양어선들이 동아프리카 인근 바다에 버린 것으로, 그들은 폐기물을 버린 뒤 텅 빈 배에 불법 남획한 물고기를 가득 싣고 자국으로 돌아간다. 효율성의 경제학이 도달한 극단적 파렴치함이란! 이것은 소말리아 지역 어민들의 생계를 이중적으로 위협(해양오염과 어류 남획)함으로써 그들을 난민으로 전락시키거나 그게 아니라면 해적으로 생계를 유지하게 만들기도 한다. 유럽 국가들 및 여러 선진국 정부들이 현란한 도덕적 어휘를 써가며 난민 유입을 차단하고 해적을 소탕하겠다고 나설 때 분명하게 인식해야 할 것은 그들이 바로 문제되는 그 사태를 일으킨 당사자라는 점이다. "유럽 기업이 아프리카의 뿔[이라는 지역]에 우라늄을 뿌리는 데 톤당 2.5달러가 든다. (……) 이것은 유럽에서 그 물질을 깨끗하게 처리하는 데 드는 비용의 백분의 일에 해당한다. 그 해역 또는 어자원의 보호책을 집행할 정치 권력이 없는 소말리아 해안은, 현재 '대 해적' 계획을 주도하는 바로 그 국가들을 위한 저렴한 쓰레기 하치장이 되었다." 데보라 코웬, 권범철 옮김, 『로지스틱스: 전 지구적 물류의 치명적 폭력과 죽음의 삶』, 갈무리, 2017, 220쪽.

발생하는 모든 생명 활동을 화폐 가치로 환산해 상품으로 만드는 과정을 의미하는데, 이 과정에서 자본은 이윤의 증식을 위해서라면 사용가치를 상실한 물건조차 상품으로 변용시키는 마법을 일으키기도 한다. 반면 탈성장론은 이러한 상품화에 맞서 교환가치와 이윤 증식 중심의 가치화에서 탈가치화, 재가치화, 자기-가치화로의 전환을 모색한다. 이러한 새로운 가치화 과정에서 가치판단의 중요한 요소에는 돌봄의 재생산 경제와 '공통적인 것'(혹은 커먼즈/공통장)이 자리한다. 그리고 이러

자기-가치화　　　　　　　　　　　　　　　· 생태 개념어 쪽지 ·

'자기-가치화(self-valorization)'는 1970년대에 이탈리아의 노동운동과 오페라이스모(operismo, 노동자주의)에서 최초로 제기된 개념으로, 자본주의적 사회관계들에 맞서는 대안적인 새로운 사회관계 및 새로운 삶의 방식을 조직하는 활동을 의미한다. 자본주의가 자본의 가치화—가령 자연의 원료화=불변가치화, 인간의 임금화=가변가치화, 전체 생명 활동의 상품화=교환가치화—에 기반해 작동하는 정치경제적 권력 체제라면, 그에 맞서는 다양한 형태의 생태운동(반-불변가치화), 노동자들의 파업(반-가변가치화) 혹은 사보타지(비-가변가치화), 민영화 반대를 포함한 여러 형태의 점거 운동 등(반-교환가치화)은 자본의 입장에서는 비-가치화나 반-가치화로서 이해될 수 있다. '자기-가치화'는 이러한 자본의 입장을 삶·노동·저항 운동의 입장으로 역전시켜 여러 형태의 생산자들의 자치적 삶이, 즉 "자본주의적 통제를 벗어나는 노동을 가리킬 뿐만 아니라 새로운 삶의 방식을 상상하고 창조하는" 여러 형태의 저항들이 조직해 내는 새로운 가치 창조 활동을 가리킨다. 이에 대해서는 해리 클리버, 조정환 옮김, 『자본을 어떻게 읽을 것인가』 갈무리, 2018, 36-37쪽을 참고하라.

한 돌봄과 공통 경제는 오늘날의 생태 공동체나 '사회적 경제'와 같은 새로운 형태의 삶의 방식 혹은 보다 전통적으로는 마을 공동체나 공동 육아 모임 등에 이미 내재해 있으며, 지방자치단체에서 운영하는 마을 사업이나 인문 실험, 예술가 지원 사업, 기본소득(사회적 보장소득) 등 새로운 공적 제도 등에서도 확인되는 바이기도 하다. 이러한 제도들은 유급 노동시간을 줄이게 하면서, 무급의 공공·돌봄 노동을 장려하는 계기를 제공한다.[13]

탈성장론이 국내총생산을 조건 없이 줄이자고 주장하는 것은 아니지만, 탈성장 사회의 구축 과정에서는 국내총생산 감소가 결과로 발생할 수 있다. 생명 친화적인 돌봄과 공유경제는 좋은 삶과 주변 환경을 만들어내는 데 도움이 되지만, 그것이 국내총생산 증가와 직접 연결되지는 않기 때문이다. 탈성장을 지지하는 이들은 경제가 성장하거나 몰락하는 경향을 보이는 자본주의 구도 안에서 불가피하면서도 또한 올바를 수 있는 국내총생산 감소가 현재의 사회 형태(그것도 민주주의적인 사회 형태)를 어떻게 지속가능하게 할 수 있는지를 모색한다. 지금까

---

13 기본소득이 공동체와 돌봄노동에 미치는 영향에 대해서는, 필리프 판 파레이스, 조현진 옮김, 『모두에게 실질적 자유를』, 후마니타스, 2016과 야마모리 도루, 은혜 옮김, 『기본소득이 알려주는 것들』, 삶인, 2018을 참고하라.

지 경제학자들을 포함해 정부 관료, 언론, 기업들은 성장을 늘 개선, 풍요, 심지어 행복의 절대적 요소로 간주하면서 그것이 사회의 필연적 방향인 듯 전제해 왔으며, 그런 이유로 많은 진보적이면서도 비판적인 학자들조차도 '탈성장'이라는 말을 사용하는 데 거부감을 갖기도 한다. '탈'성장은 성장에 반대하는 부정적인 단어이며, 따라서 성장주의와의 관계 속에서만 상대적인 의미를 갖는다는 비판일 것이다. 그러나 돌봄과 공생, 공유를 지향하는 긍정적인 사회 기획에 이처럼 부정적인 어휘('탈')를 쓰는 것은, 성장에 매진하면서 사회 전체를 그런 방향으로 끌고 가려는 지배적 질서 체제를 벗어나는 것이 시급하기 때문이다. 탈성장은 성장을 바람직한 사회와 삶의 태도로 연결하는 고리를 끊으면서 성장과는 다른 삶이 있음을 연상시킬 수 있다. 사회적 불문율로 자리 잡은 '성장에의 욕구'와 양적 경제 성장이 이뤄지지 않을 때 발생하는 여러 사태에 대한 걱정, 불안정한 삶에 대한 우려가 남아 있는 한 '탈성장'이라는 용어는 현행의 질서, 자본주의와 산업 중심의 사회를 전복하는 실천 개념이자 저항 개념으로 유용할 수 있다.

탈성장과 민주주의들

그렇다면 성장하지 않았을 때의 긍정성 즉 탈성장의 긍정성은 어디에서 어떻게 발견되어야 하는가? 탈성장이 금욕적이거나 내핍적인 용어가 아니라면, 그렇다면 그때의 탈성장은 자신의 구성 형태를 어떻게 이해할 수 있는가? 탈성장론자들은 성장이나 발전, 개발 등과 차별화되는 용어인 '번영'이나 '공생공락', '회복' 등의 용어를 즐겨 사용한다. 탈성장론의 중요한 철학적 자양분을 제공하는 도나 해러웨이(Donna J. Haraway)의 용어를 빌려온다면, '공-산(sympoiesis)'이나 '함께-되기(becoming-together)'와 같은 용어를 쓸 수 있다.[14] 이러한 함께-되기로서의 '공-산'은 산업 폐기물의 양산이나 모든 것을 화폐로 환산시키는 이윤 체제, 대규모 건축물(무수한 파괴를 동반하는)을 만드는 데 혈안인 개발주의가 아니라 교육이나 의료를 사회의 가장 핵심적 부문으로 여기면서, 더 많은 산림 조성, 해양 생태계 복원, 재생에너지로의 전환, 탈탄소화 등과 같은 인간 활동이 가능한 실천을 사회적 '구성'으로서 이해하고, 나아가 과학과 예술을 조화시키면서 지구 위 생명 전체와의 공생 및 공존

---

14 이에 대해서는, 도나 해러웨이, 최유나 옮김, 『트러블과 함께하기』, 마농지, 2021을 참고하라.

(해러웨이의 용어로는 '실뜨기 놀이')의 방법을 모색하는 것이다.

이러한 탈성장론의 입장은 오늘날 민주주의를 혁신할 수 있는 결정적 논점을 제공한다. 탈성장론이 추구하는 민주주의는 우리가 기존에 이해해 왔던 민주주의가 인간중심주의(혹은 합리성에 근거한 배타적인 자유주의적 대의주의)나 개체중심주의에 한정되는 것을 넘어서 지구 전체에 공존하는 생명체들인 동식물과, 그와는 다른 형태의 존재자들인 광물, 사물, 인공물, 대기, 해양 등의 물질 및 그것들 간의 관계성, 운동성, 시간성(가령 아직 오지 않은 미래 세대)을 민주주의의 구성 요소로 이해하는 포괄적인 '절대적 민주주의'의 근거를 제공하기 때문이다.

왜 탈성장은 민주주의, 그것도 기존의 민주주의와는 완전히 차별화되는 절대민주주의의 근거를 형성하는 것일까? 우리가 생각하기에 탈성장은 오늘날 전 세계에서 터져 나오는 무수한 형태의 민주주의적 요구 및 형태들과 연결되어 있는데, 그것은 분석적으로는 다음 세 가지 형태 즉 '아래로부터의 절대민주주의 운동, 자율적이고 전 지구적인 민주주의의 요구, 사물민주주의와 생명민주주의에 대한 문제의식의 출현'으로 근거지을 수 있다.

(1) 아래로부터의 탈성장과 절대민주주의

탈성장론이 기후 비상사태 속에서 현재와 미래의 전 지구적 생태계의 생존을 모색하기 위한 패러다임 전환의 기획이라는 점에서, 탈성장은 위로부터 강제적으로 진행될 수 없고 오로지 아래로부터만, 세계를 구성하는 존재자들의 삶에의 욕망으로부터만 강력하고 실질적인 형태로 실현될 수 있다. 물론 탈성장은 권력의 요구로부터 제기되지 않으며 제기될 수도 없

> **자본주의가 야기한 조용한 폭력** · 생태 개념어 쪽지 ·
>
> 선진국들은 자신들의 경제적 부를 유지하면서도 그에 따라 발생하는 부수적 피해들은 외부로 돌리곤 한다. 가령 영국의 에너지 회사인 BP사가 일으킨 멕시코만 원유 유출 사고나, 다국적 농업 기업들이 난개발을 벌인 아마존 열대우림의 화재, 일본의 국제적 운송회사 미쓰이가 운항하는 화물선이 인도양의 섬나라 모리셔스 앞바다에서 일으킨 기름 유출 사고, 태안반도를 오염시킨 삼성1호-허베이 스피릿호 원유 유출 사고 등에 대해 생각해 보라. 유럽과 북아메리카 등 선진국들이 첨단화되고 세련된 노동 환경을 유지하는 과정에서 서남아시아, 아프리카, 남아메리카 등은 그에 필요한 에너지, 노동력, 원료 등을 고통스러운 노동 환경 속에서 저렴하게 제공할(착취당할) 뿐만 아니라 지구적 기후위기 속에서 대기 및 해양 오염, 해수면 상승에 따른 마을 침수, 농수산업의 생산량 급감 등 여러 기후재난의 가장 큰 피해지가 된다. 이처럼 자본주의로부터 비롯된 기후재난이 세계에서 가장 가난한 나라들에 집중되고 있음을 문제 삼는 것으로, 사이토 고헤이, 김영현 옮김, 『지속 불가능 자본주의』 다다서재, 2021, 특히 15-55쪽을 보라. 또한 부유한 국가들로 야기된 생태 문제가 최빈국의 민중들의 고통을 야기하는 '느린 폭력'임을 밝히는 것으로, 롭 닉슨, 김홍옥 옮김, 『느린 폭력과 빈자의 환경주의』 에코리브르, 2020을 보라.

다. 지금까지 주권 국가는 늘 국민총생산이나 각종 경제성장 지표를 상승시키는 데에만 초점을 두었으며, 기후위기에 대한 대응조차 '지속가능한 발전'이나 '녹색 성장'의 이념하에서 진행했다. 생명의 지속가능성, 행복의 지속가능성보다 늘 관심은 '발전과 성장'에 맞춰지며, 또한 1970년대 이래 케인스주의가 전 세계적으로 붕괴하고 신자유주의가 지배적인 질서로 자리 잡은 이후 기존의 복지 정책들조차 상당 부분 자본의 이해에 보조를 맞추며 후퇴했다. 이런 상황에서 기후위기의 긴급성을 앞세워 급박하게 진행되는 위로부터의 대안은 늘 고통스러운 내핍을 강제할 뿐이며, 전 지구를 반으로 가르는 위계적 단층선을 따라 '조용한 폭력'의 형태로 실행된다. 이를테면 '그린 뉴딜'과 같은 위로부터의 '지속가능한 성장론'이 약속하는 미래는 결국 유럽과 북아메리카 등에 있는 제1세계 선진국들의 이해를 반영할 뿐이며, 오랫동안 가난에 시달린 지구의 다른 지역들에게는 강력한 반발을 불러올 뿐이다. 또한 이는 제국주의적 질서로만 이해될 수도 없는 일이다. 선진국들의 내부를 들여다보면, 기후위기와 그에 따른 여러 정부 정책들은 높은 세금과 고물가를 유지하면서 진행되는 만큼 생활에 직접 타격을 받는 시민 일반에게 고통만을 전가할 뿐, 결국 기후위기를 온몸으로 감내해야 하는 것은 예외 없이 각국의 빈곤층이다. 가장 많은 에너지를 사용하고 그것을 이윤으로 전환시켜 왔던 기업들과 그 수뇌부들, 그들을 지원하는 행정 엘리트들, 금융 산업의 기관들, 핵마피아들과 같은 현재의 권력 기관에게 미래를 좌우할 경제적·정치적 결정을 맡길 수 없는 이유는 그들이 지구 위 소수 엘리트들의 이익과 안전만을 반영할 뿐 지구 위 모든 존재의 이익과 안전에는 오히려 더 큰 해악을 가져올 수 있기 때문이다. 따라서 탈성장론은 자연스럽게 민주주의로 나아가는 것은 아니다. 관건은 그것이, 위로부터의 강제력이 외부에서 부과되는 고통스러운 내핍을 향하느냐, 아래로부터의 욕망에 기초한 내적이고 강력한 실천을 향하느냐에 따라 '녹색 성장'이나 '지속가능한 발전'을 강제하는 기후 파시즘인가,[15] 절대민주주의에 기초한 탈성장인가가 결정될 것이다.[16]

(2) 탈성장과 자율적이고 전 지구적인 민주주의

따라서 탈성장은 국가와 자본으로부터의 자율성을 요구하

---

15 이에 대해서는 사이토 고헤이, 김영현 옮김, 『지속 불가능 자본주의』, 다다서재, 2021, 277-297쪽을 참고하라.
16 아래로부터 실천되는 절대민주주의에 대해서는, 안토니오 네그리·마이클 하트, 정유진·이승준 옮김, 『어셈블리』, 알렙, 2020, 특히 「아래로부터가 의미하는 것은 무엇인가?」, 161-167쪽을 보라.

며, 국민국가의 틀을 넘어서 아래로부터의 전 지구적 연합을 가능하게 하는 새로운 정치 질서를 형성하는 계기가 될 것이다. 기후 비상사태가 지구의 특정 부분에서 일어나는 국지적 사태가 아니라 지구 생태계 모두의 생명을 위협하는 만큼, 그에 대한 대안적 기획은 국민국가를 넘어서 전 지구적 네트워크 속에서 수립되어야 한다. 오늘날 국민국가 정치나 그것의 국제적 연합만으로는 더 이상 실효성을 발휘할 수 없다는 것이 지구화 논의가 처음 본격화되었던 1990년대 말 이래로 더욱 분명해지고 있다는 점에서도 그 이유를 찾아야 할 것이다. 첫째, 외생적 요인. 전 지구적 시장의 구축은 국민국가의 권력과 그 헌법적 근거를 현저하게 약화시켰다. 물론 여전히 국민국가들은 중요한 법적·경제적·행정적 권력을 어느 정도 유지하는 것이 사실이지만, 한편으로는 전 지구적 협치의 구조 및 제도에 의해, 다른 한편으로는 점점 더 자본주의적 세계 시장의 요구에 종속되고 있다는 점에서 과거와 같은 힘을 발휘할 수는 없다. 오늘날 지구촌 전체가 전 지구적 금융자본과 화폐 권력의 작동을 통해 자본주의의 새로운 합리성과 통제 회로 내에 포섭되었기 때문이다. 둘째, 내생적 요인. '정치적인 것의 자율'에 기초한 국가의 통치 행위는 과거와 같이 일방적인 형태로는 작동되지 않는다. 오늘날 정치는 경제적·사회적 요구와 분리될 수 없을 뿐만 아니라, 사법 영역의 독자성조차 생산형태의 삶정치화나 사회문화적으로 제기되는 무수한 목소리들에 의존하는 만큼 정치적 통치와 법치 질서의 독자성이 쉽게 보장될 수 없기 때문이다. 셋째, 잠재적 요인. 최근 수년간 등장한 대규모의 저항, 시위, 사회 운동 등은 근본적으로 다인종적·다국적인 성격을 띠고 있으며, 이는 그 항의의 대상들이 더 이상 국내 시장이나 국내 정치에 한정되지 않기에 더욱 복수적 주체들의 연합을 가속화시켰다. 사회 운동들(심지어 가장 보수적이고 극우적인 형태들조차)은 더 이상 자신들을 대의할 것을 요구하지 않을 뿐만 아니라, 때로는 대의 그 자체에 저항하기 때문이다.

전 지구의 무수한 형태의 사회 운동들은 더 이상 타자의 이름으로 목소리를 내지 않으며, 자신들의 직접적 의사 표현을 더 선호한다. 아랍의 봄, 월가 점거, 인디그나도스, 블랙라이브스매터, 그리고 #미투에 이르는 일련의 사회 운동들이 말해 주는 것은 그들이 국내의 문제에서 출발했음에도 늘 국경을 넘어서는 지지와 새로운 시위의 물결, 소셜미디어를 타고 흐르는 역동적 흐름을 형성한다는 것이다. 이를테면 한국에서의 세월호 시위나 박근혜, 윤석열 탄핵 집회 등과 같이 외형상 국내 정권과의 투쟁이나 정권 교체로 나타나는 흐름조차 국제적 관심과 응원이나 홍콩, 미얀마 등으로의 투쟁 순환과 연결되어 있다.[17] 우리는 '탈성장' 운동의 잠재력이 그것을 추동하는 세력들을 통해 전 지구적으로 켜켜이 쌓이며, 이전의 다른 사회 운동들이 지녔던 비대의적·비주권적·자율적인 성격을 반영하면서도 그 주제가 가진 시공간적 보편성(지구의 모든 생명이라는 공간성, 미래 세대들과의 잠재적 연합이라는 시간성)으로 인해 더욱 지구적 연합을 지향하는 방향을 향할 것(향해야 할 것)이라고 생각한다.

(3) 사물민주주의와 생명민주주의

탈성장은 "점차 증가하는 정치의 기술화에 맞서 과학기술의 정치화"를 주장한다.[18] 세계 경제나 기후변화와 같은 복잡하고 기술적인 문제를 다룰 때는 과학과 정치의 영역을 구별하기가 쉽지 않다. 이러한 문제들에는 늘 진실이 무엇인지를 두고 벌어지는 전쟁을 동반하며, 서로 다른 가치들이 서로 충돌하면서 행위자로 하여금 지식을 얻게 한다. 하지만 이때 행위

---

17 박근혜와 윤석열 두 전직 대통령의 탄핵 정국에서 등장한 시위자들의 비대의적·비주권적 행동의 양상에 주목한 글로는 각각 조정환, 『절대민주주의: 신자유주의 이후의 생명과 혁명』, 갈무리, 2017과 박구용, 『빛의 혁명과 반혁명 사이』, 시월, 2025를 보라.
18 자코모 달리사 외, 『탈성장 개념어 사전』, 39쪽.

자는 무엇인가? 또한 이러한 기술적 문제는 과학자들과 전문가들의 영역에 한정되는가? 탈성장이 추구하는 과학은 의사결정에 필요한 과학적 정보의 질을 보장하는 전문가들 및 다양한 시민들이 상호 연결된 공동체를 제안한다.[19] 이러한 공동체 확장은 일반 시민뿐만이 아니라 이해관계가 걸린 모든 이를 포함하며, 여기에는 근대의 인간주의적 정상과학을 넘어서는 행위자에 대한 새로운 이해, 즉 사물과 생태계, 비인간 존재들을 포함하는 형태의 민주적 공동체에 대한 구상이 연결되어 있다. 탈성장의 탈정상과학은 과학위원회나 자문위원회 같은 전문가 공동체가 좌우하는 결정으로부터, 해당 문제에 관심이 있거나 영향을 받는 모든 존재가 참여하거나 그들을 번역(재현이 아닌)하는 확장된 과학 집단 공동체의 결정으로 전환되는 것을 주장한다. 지속가능한 발전이나 녹색 성장에 관한 비정치적이고 기술 관료적인 담론은 자유민주주의 안에서 과학을 두고 벌이는 공적 토론을 비정치화하려는 과정의 산물이다. 이에 따라 과학을 둘러싼 정치는 대안적인 이상들이 치열하게 부딪치

---

19 과학기술을 구성하는 이들의 민주적 공동체에 대해서는 시민과학센터, 『시민의 과학: 과학의 공공성 회복을 위한 시민사회의 전략』, 사이언스북스, 2011을 참고하라. 또한 대니얼 리 클라인맨 엮음, 김명진·김병윤·오은정 옮김, 『과학 기술 민주주의』, 갈무리, 2012를 참고하라.

는 투쟁의 장이 아니라 미리 답이 주어졌거나 사고방식의 프레임이 결정된 방식 아래에서 국가의 행정편의주의나 기술 관료적 해법을 찾는 것으로 축소되었다.

그런 점에서 홍성욱의 다음 주장은 흥미롭다. "현대 과학기술이 야기한 사회적 논쟁들은 대안적인 네트워크가 작동할 가능성을 높이고 있다. 이산화탄소와 지구온난화, 프리온과 광우병, 조류독감이나 신종플루와 같은 새로운 질병, 핵폐기물처리장을 둘러싼 논쟁 등 우리 사회는 기술적 위험과 관련된 크고 작은 논쟁으로 몸살을 앓고 있다. 이러한 현상은 인간-비인간

브뤼노 라투르의 '번역'과 '정화' · 생태 개념어 쪽지 ·

브뤼노 라투르는 말하지 못하는 자, 말할 수 없는 것이 참여하는 연결망 속에서 그들의 언어를 구성할 다음의 개념을 제안한다. 그에 따르면, 근대를 다시 새롭게 이해하기 위해서는 '번역(translation)'과 '정화(purification)'의 실천이 필요하다. "첫 번째 집합은 번역인데, 이는 완전히 새로운 존재들 간의 혼합, 즉 자연과 문화의 하이브리드들을 만들어낸다. 두 번째는 정화로서, 전적으로 구분되는 존재론적 지대를 창출하는데, 그것은 한편으로는 인간 존재들의 존재론이며, 다른 한편으로는 비인간 존재들의 존재론적 지대이다. (……) 번역은 관계 맺기라는 과정의 핵심"을 이룬다. 번역은 우리가 공존하는 사물과 생명과 같은 객체들과의 새로운 관계 맺기 방식을 의미하며, 이는 그들이 이루는 세계 자체의 '정화'를 통해, 즉 초월적 언어(신성한 종교의 언어)나 인간주의적 언어가 아니라 그 자체의 존재성을 독자적이고 자율적인 영역으로 간주하기를 통해 기존의 인간 중심의 표상/재현의 언어를 갱신하는 작업과 병행된다. 이에 대해서는 브뤼노 라투르, 홍철기 옮김, 『우리는 결코 근대인이었던 적이 없다』, 갈무리, 2009, 41-42쪽과 283쪽을 참고하라.

이 새로운 방식으로 결합했기 때문에 야기되는 것들인데, 기존에 권력을 가진 전문가나 정치인은 이런 문제에 대해서 과학기술이 전통적인 방식대로 잘 작동하던 시기에 배운 전략에 따라 대응한다. (……) 이 과정에서 시민의 목소리는 대부분이 삭제되어 있으며, 이산화탄소, 프리온, 가축, 폐기물과 같은 비인간 행위자들의 목소리도 배제되어 있다."[20] 브뤼노 라투르의 '사물민주주의' 혹은 '사물정치'의 개념에 의지해 홍성욱은 오늘날 과학이 결정하는 많은 영역이 이미 인간 행위자를 넘어서는 비인간 존재자들의 작용 및 움직임으로 발생하며, 따라서 그에 대한 해법 역시 특정한 관점(대부분은 지배적인 서구의 학문 전통에 따르는 백인 남성 과학자들)에 한정되는 정상과학이 아니라, 인간-비인간 행위자들이 연결된 네트워크 속에서 찾아져야만 한다고 주장한다. 이러한 주장은 단순히 과학 공동체를 민주적 관점에서 다양한 시민들의 참여와 결정 속에서 구성해야 한다는 요구에 한정되지 않고 '인간'이란 무엇인가에 대한 근본적이고 철학적인 쟁점을 형성하기에 충분하다.

오늘날의 기후위기 속에서 '우리'라고 하는 배타적이고 인간중심적인 개념은 인간과 사물의 새로운 연대를 통해 재구성

---

20 홍성욱, 「7가지 테제로 이해하는 ANT」, 『인간·사물·동맹』, 브뤼노 라투르 외 지음, 도서출판이음, 2010, 32쪽.

되어야 한다. 즉 "타자들의 존재를 인정하고, 사물에 다가가거나 적어도 사물을 감상하는 타자들의 방식에 합류하는 것, 바로 그것이 연대이다. 연대는 공통의 어떤 것을 가지는 것을 필요로 한다. (……) 연대가 지구의 지각의 최상층의 바탕적인 정동적 환경이기 때문에 인간들은 자신들 사이에서, 그리고 자신과 다른 존재자들 사이에서 연대를 성취할 수 있다."[21] 그런 점에서 탈성장은 우리가 지금까지 상상조차 해본 적이 없는 새로운 민주주의 개념, 즉 '인간-사물-생명-자연-동물-식물을 포함한 지구 위 모든 존재자와 함께 세계를 위기에서 탈출시킬 새로운 연대와 동맹 개념'으로 기획될 수 있어야 한다. 인간 존재론을 재구성해야 하는 것이 아닐까? 인간은 과연 인간으로만 구성되는가? 우리 몸을 구성하는 비체들은 어떨까? 오로지 우리 신체와 시간성으로만 구별되는 똥, 오줌, 피-땀-눈물, 각질은 인간인가 아닌가? 그렇다면 이러한 사물민주주의, 비인간 존재와의 연대를 통한 민주주의는 우리가 구성할 사회에 대한 새로운 관점을 수립하게 하는 중요한 계기가 될 것이다. 사라지고 멸종되고 있는 늑대의 울부짖음, 무수한 새들과 야생종들의 보금자리인 숲은 신음하고 있으며, 그러한 고통을 양산

---

21 티머시 모턴, 김용규 옮김, 『인류: 비인간적 존재들과의 연대』, 부산대학교출판문화원, 2021, 33-35쪽.

한 인간 존재 자신조차 자신 안에 비인간 존재자들과 공생하고 있음을 까맣게 잊고 있다. 이러한 상황에서 우리가 지향하고 추구해야 할 민주주의는 바로 그 존재들과 정동적으로 교류할 수 있는 새로운 존재 개념이다.

탈성장과 커먼즈 경제

탈성장은 경제 자체를 반대하는 것이 아니라 우리가 경제라고 이해했던 형태를 재편하고 그 지배적 메커니즘을 변경하자고 주장하는데, 이때 관건은 이윤에 맞서는 공유로서의 커먼즈 경제를 어떻게 보존하고 형성할 수 있는지에 있다.

(1) 탈성장과 공통적인 것

앞서 말했듯 탈성장론은 비경제론이 아니라 다른 경제, 새로운 경제를 추구한다. 그렇다면 탈성장 시대의 경제는 자본주의적 이윤 생산 경제와 어떤 관계를 맺는가? 나아가 그러한 다른 경제의 현실화 조건은 무엇인가? 우리는 여기에 '공통적인 것'의 경제, 공통장/커먼즈 경제라는 특정한 입장을 제시하고 싶다. '공통적인 것'은 크게 세 가지 형태를 띤다.[22] 첫째, 자연적 공통적인 것으로 이는 지구 전체와 그것의 생태계 일반을 지시한다. 둘째, 사회적·인공적 공통적인 것으로, 이것은 주로 비물질적인 부의 형태인 아이디어, 코드, 이미지, 문화 생산물 등이나 사회적 상호작용과 협동의 결실인 메트로폴리스와 사회적 영토들을 지시한다. 셋째, 인간 자체로서의 공통적인 것은 한편으로는 오늘날의 생명과학 기술에서 확인되는 인간의 신체 자체(가령 DNA 유전자 정보)와 다른 한편으로는 소셜미디어에서 확인되는 다양한 인간의 삶의 형태를 지시한다.[23]

오늘날의 자본주의적 생산은 이중적인 의미에서 점점 더 사회적인 것이 되어가고 있다. 한편으로 오늘날의 생산자들은 상호작용과 협동의 네트워크 안에서 훨씬 더 사회적으로 생산한다. 다른 한편으로 그러한 생산의 결과는 상품만 있는 것이 아니라 사회관계가 있으며 궁극적으로는 사회 자체가 그러한 생산의 결과이다. 그리고 이러한 사회적 생산과정에서 사람들은 스스로를 다스리고 조직하는 능력과 자질을 양성하고 있다. 그런 점에서 오늘날 생산자들에 대한 가장 중요한 지배 형

---

22 이와 관련해서, 이승준, 「인간과 자연, 영원한 적대의 대쌍인가?」, 《뉴 래디컬 리뷰》, 통권 3호, 도서출판b, 2022, 119-145쪽을 보라.
23 이에 대한 보다 자세한 내용으로는, 네그리·하트, 『어셈블리』, 190-191쪽을 참고하라.

태는 금융, 화폐, 신자유주의적 통치 메커니즘일 것이다. 왜냐하면 생산자들이 형성하는 사회 자체가 '공통적인 것'의 형태를 띠는 데 반해, 금융자본이나 신자유주의적 통치 메커니즘은 바로 그러한 공통적인 것에 의존해 이윤을 추출하면서도 공통적인 것을 구성하는 존재들 자체를 파괴·강탈·소진하기 때문이다. 가령 우리가 공유하고 함께 관리하는 지구의 부와 사회적 부의 사용 및 전유를 둘러싸고 벌어지는 투쟁들을 생각해보자. 천연자원이나 원료로 지시되는 '자연적 공통적인 것'은 인류 모두가 이용'할 수 있는'('해야 한다'는 것이 아니다) 자산이자 더 나아가서는 공룡과 죽은 동식물의 몸체가 시간과 혼합됨으로써 만들어낸 지구 생명체 자체의 생산물로 생태계의 생명 활동에 조력하는 것들이다. 오늘날의 권력 체제와 자본의 시스템은 바로 이것을 국지화시키고, 국영화(공적 소유)하거나 민영화(사적 소유)할 뿐만 아니라, 그 과정에서 무수한 자연적 공통적인 것의 파괴를 동반한다. 또한 전 지구적 유통망은 바다와 대지 위에 탄소발자국을 남기며 그것을 미래의 그 누구도 이용할 수 없는 폐기물, 오염물로 만들어 버린다. 골프장 건설에 반대하는 강원도의 고랭지 배추 생산자들의 투쟁, 설악산과 지리산 케이블카에 반대하는 인근 지역 주민들과 산악인들의 항의, 제주 강정마을을 지키려는 마을 지킴이들의 투쟁은 결국

'자연적 공통적인 것'을 둘러싼 투쟁이 아니고 무엇이겠는가?

'사회적 공통적인 것'도 같은 대결 속에 놓여 있다. 자원과 원료를 채굴하는 거대 석유회사들처럼 오늘날 자본은 지식, 사회적 협력, 문화 및 예술 생산물, 정동적 교류에서 공짜로 이윤을 뽑아내는 여러 책략을 벌이고 있다. '젠트리피케이션'은 그것의 한 실례이다. 다중들의 사회적 교류 활동에 의존해 건물이나 토지 가치를 상승시키고 다시 그것에서 이윤을 추출하고 그러한 교류 자체를 파괴하는 금융자본에 맞서는 투쟁이 지구 도처에서 벌어지고 있지 않은가. 다중 혹은 더 넓은 의미에서 자연-사물-인간-동식물-기계의 연합체로서의 공통의 존재들이 자신들의 생산물이면서도 바로 자신들의 몸 그 자체인 공통적인 것을 방어하기 위해 투쟁하는 것, 그것은 한편으로는 반자본주의적 투쟁이나 비자본주의적 경제를 연상시키지만, 다른 한편으로는 바로 이 공통적인 것을 우리들 자신의 것으로, 그래서 누구나 이용 가능한 만큼 모든 해당 당사자들이 직접 다스리고 관리하는 경제를 의미한다. 바로 이것이 커먼즈 경제가 의미하는 바이며, 우리는 이것이 탈성장이 추구하는 긍정적·구성적 경제의 기본 모습이자 아래로부터의 민주적·구성적 협치가 나타내는 바라고 생각한다. 즉 '공통적인 것을 모두의 필요에 따라 공정하게 분배하고, 모두가 자신의 능력에 따라 공통적인 것을 생산하며, 또한 공통적인 것이 공통적인 것을 다스리는 협치!' 말이다.

이때 '공통적인 것'은 누구도 소유할 수 없으며, 누구도 그 것을 일방적으로 재현/대의할 수 없는 것으로 이해되어야 한 다. 공통적인 것은 누구도 독점할 수 없다는 점에서 소유에서 벗어날 뿐만 아니라, 그것을 생산하거나 그에 참여하는 이들의 자치적 결정이나 공동 표현에 의해서만 그 모습을 왜곡하지 않고 있는 그대로 드러낼 수 있다는 점에서 비재현적이기 때 문이다. 이처럼 커먼즈 경제는 자연적 공통적인 것에 더해 사 회적·인공적 공통적인 것을 자본주의의 사적 소유 체제 안에 서 더욱 크고 다양하게 발전시키면서(그것도 자본의 이해관계에 따 라서 형성된 '노동의 추상화와 사회화'의 과정에 따라서), 그것을 방어하 기 위해 투쟁하는 이들 역시 구성해 왔으며, 우리는 이제 그것 의 사적 소유 형태를 벗겨내고 넘어서서 새로운 사회를 구성 하는 근거로 삼아야 할 것이다.

그런 점에서 과거와 현재의 인클로저에 맞서는 공통화의 투쟁이 탈성장 사회를 구성하는 가장 기본적인 요소이다. 투쟁 하며 구성하기, 방어하기 위해 저항하기, 저항하면서 공-산하 기, 공-산하면서 결정하기, 결정하면서 함께-되기, 함께-되면 서 자기를 재구성하기 등등으로 표현될 수 있는 이러한 새로운 패러다임은 모두의 노동 과정에서 더욱 잠재적으로 강화되면서도, 또한 현실적으로도 그 부분적 측면들이 조금씩 드러나고 있다고 우리는 생각한다. 그동안 그것을 읽어내는 눈이 부족했거나 우리 사유의 결여로 놓치고 있던 것을 탈성장론은 다시 전면화하는 일을 수행해야 할 것으로 보인다. 하지만 이것은 어떻게 더욱 제도적으로 안정화될 수 있는가? 공통적인 것을 둘러싼 투쟁은 늘 있어 왔고 지금도 있지만, 그것은 그때마다 잠시 반짝였을 뿐 또다시 사그라들고 자본과 국가의 이

노동의 추상화와 사회화　　　　　　　　　　　· 생태 개념어 쪽지 ·

마르크스는 자본주의 경제가 노동력 착취에 기반해 잉여가치(이윤)를 생산 및 독점하는 과정을 분석하면서 바로 이러한 노동력 착취의 극한으로서 노동의 추상화와 사회화가 진행된다는 점을 여러 차례 밝힌 바 있다. 그리고 이것은 역설적으로 그러한 착취당하는 노동자들이 가지게 되는 주체성의 성격을 규정한다. 노동은 착취당하면 당할수록 더욱 추상화되고 사회화된다. "노동생산물이 상품 형태를 취하자마자 발생하는 노동생산물의 수수께끼와 같은 성격은 어디에서 오는가? 분명히 이 형태 자체에서 오는 것이다. 각종 인간노동이 동등하다는 것은 노동생산물이 가치로서 동등한 객관성을 가진다는 구체적 형태를 취하며, 인간 노동력의 지출을 그 계속시간에 의해 측정하는 것은 노동생산물의 가치량이라는 형태를 취하며, 끝으로 생산자들 사이의 관계(그 속에서 그들의 노동의 사회적 성격이 증명된다)는 노동생산물 사이의 사회적 관계라는 형태를 취하기 때문이다. 그러므로 상품 형태의 신비성은, 상품 형태가 인간 자신의 노동의 사회적 성격을 노동생산물 자체의 물적 성격(물건들의 사회적인 자연적 속성)으로 보이게 하며, 따라서 총노동에 대한 생산자들의 사회적 관계를 그들의 외부에 존재하는 관계 즉 물건들의 사회적 관계로 보이게 한다는 사실에 있을 뿐이다." 카를 마르크스, 김수행 옮김, 『자본론 1(상)』 비봉출판사, 1995, 91쪽.

해관계에 재차 종속되지 않았던가? 공통적인 것을 둘러싼 투쟁을 어떻게 제도화할 것인가? 그것은 어떻게 더 보편적이 되기 위해서 보다 국지적인 영역에서 구체적으로 실현될 수 있는 것인가?

(2) 탈성장으로의 민주적 이행을 위한 제도화

탈성장으로의 이행은 한편으로는 "삶을 단순하게 만들고, 모두가 더 적게 가지고 살아가는 유쾌한 사회로 전환하는 것"[24]이지만, 다른 한편으로는 '공통적인 것'을 생산·유통·공유함으로써 공생공락을 실현하는 것을 기반으로 한다. 하지만 이러한 문제의식에 대해 누군가는 이렇게 물을 것이다. '이러한 탈성장 사회로의 이행은 너무 먼 얘기고 현재의 기후위기의 긴급성을 고려했을 때 너무 느리고 뒤늦은 것이 아닌가?' 하지만 기후위기가 긴급하다고 해서 그것을 일방적으로 위로부터 실행할 수는 없다. 그것은 차라리 현재가 더 나을 정도로 더 고통스러운 강압과 행동 구속의 형태로 실현될 것이며 이는 그에 맞서는 별도의 투쟁과 저항으로 더 시간을 지체할 수도 있기

---

24 자코모 달리사 외, 『탈성장 개념어 사전』, 43쪽.

때문이다. 하지만 어떻게 아래로부터 탈성장 전환을 가능하게 할 것인가? 전환을 가능하게 하는 여러 실행과 제도에 관한 아이디어, 실행과 제도를 연결하고 활성화하는 방안에 대한 아이디어는 유토피아적 추상이 아니라 이미 나와 있으며 작은 단위에서 실행되고 있다는 점에 주목할 필요가 있다.[25] 기존의 국민국가 기반의 자유주의적 제도가 사람들의 기본 필요를 충족하는 데 실패하면서 풀뿌리 경제 실천, 생태공동체, 온라인 커뮤니티, 협동조합, 도시 텃밭, 공동체 통화, 시간 은행, 물물교환 시장, 보육 또는 의료 서비스 연합 등 비자본주의적인 새로운 실천과 제도가 아르헨티나, 그리스, 카탈루냐 등지에서 자발적으로 확산되고 있다.

풀뿌리 경제 실천은 크게 다섯 가지 특징이 있는데, 첫째, '교환을 위한 생산에서 사용을 위한 생산으로의 변화', 둘째, '임금노동을 자원 활동으로 대체함으로써 강제화된 노동을 비상업화·비전문화된 형태로 전환하기', 셋째, '이익 추구가 아닌 상호 선물 교환을 통해 재화가 활발하게 순환하는 논리', 넷째, 자본주의 기업의 축적과 확장의 논리와는 달리 사용과 공유의 논리를 전제하는 풀뿌리 실천 활동. 그리고 마지막으로

---
25 이에 대해서는 자코모 달리사 외, 『탈성장 개념어 사전』, 43-48쪽을 참고하라.

다섯째, 풀뿌리 실천은 '공통적인 것'의 형성 과정의 산물이다. 참여자들이 서로 정동적·물질적·소통적으로 연결되는 관계는 이와 같은 새로운 자기-가치화로 나타난다.

그런 점에서 탈성장론은 경쟁과 적자생존의 제도화에 맞서는 행복의 제도화에 초점을 두어야 한다. 이러한 '행복의 제도화'는 자본주의적 성장주의 내에서 우리가 은밀히 길러내는 힘, 즉 지적·정동적·문화적·예술적 능력과 다른 인간들의 삶의 형태를 생산할 수 있는 능력에 기초해 이 힘을 증가시키면서 자연-생명-동식물-사물-인간의 연합체를 보다 대칭적이고 수평적인 관계로 변화시키고, 그래서 우리 자신의 사회적 존재를 확장하는 것에서 시작될 것이다. 단순히 어떤 변신 정도에 그치는 것이 아니라 서로가 서로를 만들어내는 것이 필요하다. 그런 점에서 오늘날의 주체성 생산은 '다중-만들기'이자, '공생자' 만들기로서의 '공-산'과 점점 더 일치하는 방향으로 나아가고 있다.[26] 이 새로운 주체성이자 '공-산'에 기초하는 가운데 구체적인 제도가 얘기될 수 있다. 우선 이 제도는 오늘날의 지배 질서가 사람들에게 압박하는 비참한 삶과 그에 따른 경쟁 질서(더 많은 노동을 자발적으로 선택하게 하는 노동 강제 사회)

---

26 '다중-만들기'와 '공-산'에 대해서는 안토니오 네그리·마이클 하트, 『공통체』와 『어셈블리』, 그리고 도나 해러웨이의 『트러블과 함께하기』를 참고하라.

로의 편입을 막을 방안을 마련해야 하는데, 우리는 여기에 '무조건적 보장소득'으로서의 '기본소득'을 하나의 대안으로 생각해 볼 수 있다. 지난 코로나19 시국 동안 우리는 많은 나라들에서 모든 시민들이 존엄한 삶을 살아가게 하기 위해 필요한 것을 갖추도록 기본소득을 제공했거나 그와 유사한 제도를 운용했음을 알고 있다. 또한 그것이 아니어도 한국을 비롯한 많은 나라들(일부 자본주의 선진국을 제외한 나라들)에서 이미 모든 시민들에게 기본적인 의료 서비스와 기초교육 서비스를 무료로 혹은 저렴하게 제공하고 있다. 이제 필요한 것은 세계 전역의 사람들이 기본적인 생활을 유지하게 하는 '전 지구적 보장소득'과 '보편적 의료 및 교육 서비스'를 제공하는 일일 것이다. 우리는 그 맹아를 한국의 '기본소득 네트워크'뿐만 아니라 전 세계 각국의 '기본소득 네트워크들'에서 확인하는데, 탈성장론은 바로 이 네트워크들을 더욱 효과적으로 연결해 제도화를 실행할 운동의 힘으로 뒷받침할 필요가 있음을 제기한다.

하지만 기본소득은 사람들을 비참에서 빠져나와 '공통적인 것'의 생산에 참여하게 하는 진입점이지 탈성장 사회를 위한 미래 기획의 전부일 수는 없다. 이를 위해서는 더욱 구체적인 생태적 실천이 필요한데, 가령 '대안적인 유기농 식품망'은 기업식 농업에 비해 비료나 농약, 화석연료를 적게 쓰더라도 상품 단위당 더 많은 노동자가 필요할 수 있다. 그러나 실업 문제를 고려하면 이는 반드시 나쁜 것은 아니며, 또한 탈성장 사회에서 노동은 성장을 위한 힘의 쥐어짜기가 아니라 흙과 강, 숲과 더 친화적인 존재를 만들어내는 생태 실천적 노동이어야 하기 때문이다. '물이나 에너지 생산에서 분권화된 협력 시스템'은 노동 단위당 또는 투입되는 자원 단위당 더 적은 물이나 에너지를 공급할 수 있으며, 이는 이전보다 더 친환경적일 수 있다. 낮은 생산성이 규모를 제한하기 때문이다. 또한 '공유화/공통화의 대안 활동들'은 공공서비스를 갱신하고 사유화를 방지하기 위한 혁신의 원천이다. 가령 협동 의료, 대안교육 시스템을 생각해 볼 수 있는데, 이는 의사와 환자의 지역 네트워크를 만들어 예방 건강 검진과 기본적인 응급 서비스를 제공함으로써 실행될 수 있다. 환자에 대한 친밀한 정보에 바탕을 둔 예방 의료 서비스는 첨단 기술을 통한 진단과 치료보다 훨씬 저렴하다. 이처럼 이용자들이 참여함으로써 만들어지는 공공서비스는 일반적으로 비싼 가격으로 민간에 위탁하는 사적 의료 서비스보다 더 저렴하고 민주적이다. 그런 점에서 탈성장은 기존의 공공 서비스를 침식시키지 않고도 보완적이면서도 다른 형태의 제도를 만들어낼 수 있다.

탈성장으로의 이행에서 필요한 새로운 제도화에는 남아메

리카 지역이나 스페인, 포르투갈 등과 같은 유럽의 일부 지역에서 실행되는 '일자리 나누기 위원회', '좋은 일자리 위원회'와 같이 새로운 생태 노동의 일자리를 네트워킹시켜 주는 위원회의 설립도 포함한다. 일자리 나누기는 유급 노동 시간을 줄이고 그래서 피고용자 간에 일을 재분배해 소득 손실 없이 실업률을 줄이고 부를 재분배할 수 있기 때문이다. 마지막으로 한국의 일부 지역에서 실행했거나 실행되고 있는 '지역 화폐'도 그 대안적 제도로 검토될 만하다. 가령 시간 은행 및 지역 내 거래 체계는 경제 활동 규모를 축소하고 재지역화하는 데 이바지하며, 또한 지역 내 유통을 촉진한다. 지역화폐는 위기가 닥친 시기에 시장경제로부터 외면받는 이들에게 생활에 필요한 서비스를 제공하는 보완재로 기능할 수 있다.

탈성장을 실현하는 구성적 협치

탈성장 사회의 제안에 대한 주요 비판 중 하나는 탈성장이 북반구의 선진국에만 적용 가능한 것이 아니냐는 것이다. 남반구의 가난한 국가들은 여전히 기본적인 생계적 필요를 위해 성장을 요구하며 그것은 불가피하게 탄소 배출을 동반한다고 말이다. 그러나 전 지구적으로 실행되었을 때의 효과와는 별개로 선진국(한국을 포함한)의 탈성장만으로도 '전 지구적 남'의 국가들의 생태적 공간을 늘릴 수 있으며, 그런 점에서 탈성장이 전 지구적으로 관철될 때까지 그저 하염없이 기다리기만 할 필요는 없다. 남아메리카, 아시아 일부, 아프리카 지역들의 빈곤은 유럽과 북아메리카의 선진국들에서 적은 비용으로 자연, 인적 자원을 착취한 결과인데, 북반구에서의 탈성장은 자연 자원과 산업 물품에 대한 수요와 가격을 낮추는 효과를 불러올 수 있으며, 이는 남반구 국가들이 개발 과정에서 이들 자원에 더 쉽게 접근하도록 만들 수 있기 때문이다. 나아가 탈성장은 선진국들에서 제기되기 전에 이미 여러 전 지구적 남에서 실제로 실행되는 것이기도 하다. 가령 라틴아메리카의 '부엔 비비르'나 에콰도르의 '수막 카우사이', 남아프리카의 '우분투'와 같은 대안적 이상이나 정치 기획은 이미 풍부하게 나타난 적이 있다.[27] 이들 대안적 이상이자 기획들은 현재의 개발 중심의 사회적·경제적 체제와는 다른 질서 형태를 제기하고, 전 지구 내에서 실현될 환경 정의를 주장한다.

탈성장의 가치를 지닌 대안 제도가 어떤 정치와 전략으로

---

27 이에 대해서는 파블로 솔론 외, 김신양·김현우·허남혁 옮김, 『다른 세상을 위한 7가지 대안』, 착한책가게, 2018을 참고하라.

현재 자본주의 제도를 대체할 수 있을지에 관해 탈성장 논의에서 일치된 견해가 미리 존재하는 것은 아니다. 자치적이고 자율적인 공동체들에서부터 현재의 전 지구적 자본주의에 맞서 투쟁하는 사회 운동 단체들, 여러 종교적·영성적 공동체 및 모임들, 기존의 정당과 노동조합에 이르기까지 대안은 저마다 각기 다르고 또한 그러한 다양성이 탈성장론을 전체적으로 풍부하게 할 이론적 저수지가 될 수 있기 때문이다. 결국 전 지구적인 정치적·경제적 질서의 탈성장으로의 이행은 다양한 전략과 주체가 만드는 결과여야 하며, 그에 따른 전환의 운동들은 현재의 국가와 자본 중심의 질서, 개체주의적 세계관, 산업 중심의 생산 형태, 이윤 중심의 경제, 관료주의적인 행정 제도 등을 근본적으로 혁신하면서 새로운 삶과 생명 연합을 구성하는 형태가 되어야 할 것이다. '공통적인 것'과 인간-자연-동식물-생명-사물-기계의 새로운 협치, 그리고 전 지구적 민주주의를 향한 운동은 긴급하고 시급한 기후위기 시대의 대안일 뿐만 아니라, 또한 우리 자신이 현재 실행하는 구체적이고 공통적인 실천 활동이기도 하다.

Climate Crisis
And Constitutive
Governance

2장

협치의 기본 구도

전 지구적 위기들과 대의정치의 민낯

쓰나미와 그에 뒤이은 원전 사고가 발생한 지 어느덧 13년이 지났다. 2011년 3월 11일 이후 후쿠시마 주민들, 아니 전체 일본인들을 감싼 정서는 슬픔과 절망이었다. 공연예술가 사쿠라이 다이조(櫻井大三)는 원전 사고 이후의 상황을 두고 이렇게 말한다. "피난을 가지 못하고 후쿠시마 가까이서 살아가는 초등학생과 중학생의 글을 읽으면 이런 문구와 만나게 된다. '아이를 낳을 수 없으며 결혼도 할 수 없다', '그러니까 난 이제 절대로 사람을 좋아할 수 없다', '후쿠시마 출신이라는 걸 어떻게 숨기며 살아가야 하나' '직장도 구하지 못할 것이다' '어떤 미래를 향해 노력해야 할까'. (……) 어린 소녀가 '사람을 좋아할 수 없다'며 자기 삶을 저주한다. 대체 어찌 된 '미래'란 말인가. 그녀가 지금 병에 걸린 것은 아니다. 가능성으로서의 '미래'— '죽음에 이르는 병'에 걸릴 가능성, 병마가 범한 아이를 낳을 가능성, 존재 자체가 차별을 초래할 가능성, 자신이 '방사능(방사능을 퍼트리는 능력)'이 될지 모른다는 불안—, 이러한 가능성이 '미래'의 인간상 바닥에서 그 모습을 놓아주질 않는다."[1] 희망이 보이지 않는 이러한 비관적 상황 인식은 그저 일시적으로 그칠 슬픔의 감정이 아닌 엄습한 미래에의 불안, 그리고 다른 사람과 사랑하며 함께 살아가면서 삶을 만들어 나가는 기쁨을 누릴 수 없다는 고립의 절망감을 말해 준다.

이웃 나라인 우리 한국인들도 이와 유사한, 미래가 보이지 않는 절망을 느낀 바 있다.

> 대한민국의 바다. 제로 포인트. 세월호는 바닷속에 폐기되었다. 온갖 비행(非行)을 내포한 채다. 깊은 수심에 좌초된 모두의 수심거리. 세월호는 삼백여 명의 탑승자들을 순식간에 익사로 몰살시킨 채 그 불길한 항해, 저주의 항적을 마감했다.

---

1 김진호·박노해·윤여일·사에키 나츠코·사쿠라이 다이조 외, 『후쿠시마에서 부는 바람』, 조정환 엮음, 갈무리, 2012, 38쪽.

꽃같이 아름답고 약한 목숨들이었다. 가만히 있으라는 지시를 따른 착한 아이들이었다. 그 선한 생명들을 유기한 채 자본의 선원들은 침몰선에서 조직적으로 탈출했다. 현장에 도착한 공권력은 승선 명령까지 회피하면서 학생들의 수몰을 방관했다. (……) 체제의 강화는 재난의 심화를 초래할 따름이다. 체제는 무너지면서 더욱 강고해지고, 그럼으로써 더 큰 재난을 초래할 뿐이다. 영구적 재난시간. '세월호 이후'는 존재하지 않는다. 영구평화는 오직 가상세계로서만 존재한다. 신기루일 뿐이다. 아우슈비츠의 비상사태가 멀쩡한 평화의 시간에, 감금의 수용소 바깥에서, 이른바 비정상의 타자가 아닌 정상의 우리를 상대로 해서, 시시각각 펼쳐진다. 총에 맞고, 차에 치이며, 불에 타 죽고, 건물에 압사당한다. 재벌의 공장에서, 국가의 시설에서 주검이 속출한다. 자살로 가장한 사회적 타살이 이어진다. 신자유주의 자본국가가 초래하는 떼죽음이 세월호의 상황을 지속시킨다.[2]

수백 명의 목숨이 경각에 놓인 상황에서 배의 책임자들은 구조를 외면한 채 제 살길을 찾아 배 밖으로 빠져나갔고, 의회

---

2 김애란·김행숙·김연수·박민규 외, 『눈먼 자들의 국가』, 문학동네, 2015. 인용된 부분은 전규찬, 「영원한 재난상태: 세월호 이후의 시간은 없다」, 151쪽과 169-170쪽.

의 보수적 엘리트들은 사고 당시나 사고 이후에나 생명에 대한 관심보다는 이윤과 정치적 이권에의 관심에 따라서만 움직였으며, 국가권력은 생명 구조는커녕 도리어 진실을 요구하는 유가족들의 목소리를 짓누르려 공권력과 사법 기관, 정보기관을 총동원해 모욕을 주면서 폭력을 행사했다. 이러한 상황들이 사람들에게 주는 정서는 '세월호 이후'의 미래란 없으며, 누구도 우리의 안전을 보장하지 못하기에 앞으로도 계속된 재난에 시달릴 것이라는 비탄과 절망일 것이다. 이는 2022년 '이태원 참사'에서도 여전히 반복되었다. 국가권력과 그것을 구성하는 행정기관, 그리고 두 지배적 거대 정당은 한쪽은 책임을 회피하기 급급하고 어떻게든 유가족들을 침묵하게 하는 데 혈안이 되어 있고, 다른 한쪽은 자신들만이 피해자를 대의할 수 있는 유일한 기관이기라도 한 듯 행동한다. 하지만 그들은 유가족들이 요구하는 진실 규명이나 책임자 처벌, 안전사고의 예방책을 근본적으로 수립하는 문제에 역점을 두기보다는 상대방을 비난하는 정치적 공략에 더 중점을 두거나 대중들의 관심이 약간만 수그러들어도 언제 그랬냐는 듯 해당 사안에 무관심해지는 모습을 반복한다. 무책임하거나 무능한 혹은 비열하거나 게으른 한국의 보수정당의 모습은 우리가 이전에 가졌던 국가와 정치에 대한 이미지를 바꾸기에 충분할지도 모른다. 국민의 생명과 안전이 존재 이유라고 말하지만 정작 위기가 발생했을 때 국민의 생명과 안전을 전혀 지키고 보장하지 못하는 국가, 자유와 민주주의를 부르짖는 바로 그 사람들에 의해 행해지는 반인권적이고 반민주적인 행태들, 사람들이 가진 욕망과 이해관계를 대의하겠다고 나서지만 정작 기득권들(자본가들과 정치적·문화적 엘리트들)의 이권을 지키는 데 모든 힘을 집중하는 대의정당들 및 그 기관들……. 우리는 바로 이러한 역설들 속에서 기후재난이라는 눈앞에 다가온 위기 상황을 이해하고 그것을 돌파할 힘을 직접적이고 참여적인 민주주의를 발전시키는 다중들 및 분자적 존재들의 아래로부터의 협동력에서 찾고자 한다.

오늘날 사람들을 슬픔과 절망에 사로잡히게 하는 조건들은 너무나도 많다. 만성적인 경제 위기와 불안정 노동, 전 세계 곳곳에서 벌어지는 전쟁이 사람들의 일상에 미치는 파급력, 소수자들에 대한 혐오와 폭력, 지구 곳곳에서 점점 늘어나는 파시스트 세력의 성장과 그들의 집권, 그리고 시간이 얼마 남지 않은 기후위기와 그에 따른 여러 효과들(해수면 상승으로 인한 도시 지역의 침식, 이상 기온, 난민의 대량 이주), 생물 멸종의 심화와 또한 그에 동반되는 지구 생태계의 생명력 약화, 영구동토층과 극지방의 해빙과 산림 파괴에 뒤따르는 전 지구적 팬데믹, 에너지와 식량을 비롯한 생활에 필요한 요소들의 전 지구적 부족 등등 오늘날 우리가 마주하는 위기와 재난의 목록은 끝이 없다. 이 모든 문제의 원인을 하나로 소급할 수는 없겠지만 우리는 적어도 전 세계 정치 지도자들이 중심이 되는 세계정상회담과 같은 전 지구적인 협치나, 좀 더 국지적으로는 각국의 대의 기구나 제도들이 그 위기를 해결할 수 없음을 분명하게 인지한다. 이는 지금 당장 국가 없는 세상을 만들자거나 대의기관들을 모조리 파괴하자는 말이 아니다. 우리는 전 지구적 자본주의의 지도자들이나 각국의 국가 질서로는 더 이상 어떠한 대안도 유효할 수 없고, 실제로 국가와 대의기관들은 오늘날의 여러 위기 속에서 확인되듯 쉽사리 기능 정지에 빠지거나 더 심하게는 무지, 무능, 무책임 등을 보여주며 극소수를 제외한 그 어떤 국민도 대의할 인식 능력이나 책임감도 결여되어 있음을 너무나 자주 확인한다.[3] 이러한 상황에서 필요한 것은 권력의 명령으로부터가 아니라 자신들의 욕망을 직접 표현하고,

---

3 여러 지역의 국민국가의 정부들은 괴담을 퍼뜨리지 말고 과학에 대한 믿음을 가지자고 말하지만, 실제로 모든 유언비어는 바로 그들 자신의 말실수·무능·거짓말에서 비롯되었거나, 의도적으로 진실을 외면하고 은폐한 데에서 비롯된 경우가 대부분이었다. 정부 및 국가기관이 가짜뉴스의 원산지가 되는 것은 그것들이 늘 특정한 집단의 당파적 이해관계를 재현·반영하기 때문에 진실보다 이해관계를 더 우위에 둘 수밖에 없고, 국가 정당 체제 내에서 상대편과의 배타적 경쟁 관계에 놓여 있는 데에서 비롯되는 것이겠다.

신중한 과학적 판단과 끝없이 진실을 탐구하는 이들 자신의 자기 통치일 것이다. 그리고 진정한 의미에서 민주주의는 이렇게 형식적인 대의민주주의가 그 기능을 발휘하지 못하고 표류하는 순간, 더 강력하고 더 보편적으로 자기의 모습을 드러낸다.

후쿠시마와 세월호에서 확인되는 이러한 절망과 비참의 목소리가 비단 국지적인 흐름은 아닐 터, 전 세계 곳곳에서 이러한 음울한 목소리가 우리가 사는 세계를 더욱 강하게 특징짓는다. 그런 이유로 일부 사람들은 현재의 현실 세계에서 벗어난 '외부'의 영역에서 해방의 피난처를 찾곤 한다. 다시 말해 오늘날 출현하고 있는 지구 제국의 훈육과 통제로부터 분리된 어떤 장소에서, 혹은 심지어 우리의 삶을 인도하고 우리의 정치적 행동에 근거를 부여해 줄 수 있는 어떤 초월적인 원리와 가치에서 피난처를 찾곤 한다. 그러나 지구화와 기후위기의 시대가 가져온 주된 효과는 세계 전체가 좋든 싫든 하나로 연결되어 있으며, 매 순간 새롭게 수립되는 공통의 관계망 속에 놓여 있다는 지구인들의 인식일 것이다. 오늘날 우리는 더 이상 외부가 없는 관계망의 세계 속에서 살아가고 있으며, 오늘날 민주주의적 협치는 바로 이 관계망과 사람들의 자치 능력 속에서 구현될 수밖에 없다. 슬픔과 절망이라는 정서적 반응은 국가와 대의기관에 대한 실망과 그들이 보여주는 무능력으로부터 비롯되었으며, 어떤 의미에서는 그러한 슬픔과 절망은 미래의 기쁨을 낳기 위한 사람들의 일시적인 반응적 감정일 것이다. 우리는 슬픔과 절망에 빠진 이들을 위로하고, 그들의 상처를 치유하면서 새로운 삶을 열기 위한 힘을 무수한 형태의 공동체들과 사회적인 협력 능력에서 찾아야 한다. 그것이 우리가 이 책에서 구성적 협치, 민주적 협치, 아래로부터의 협치, 정동적·공생적 협치 등등과 같은 대안적인 협치를 드러내고 그것을 가능하게 할 조건을 탐색하는 근본적인 동기였다. 좋은 삶, 행복한 삶, 협력하고 연대하는 삶, 함께 고통을 이겨내고 함께 공생공락의 삶을 누리기 위해 우리에게 필요한 것은 우리와 함께 수평적으로 이 세계를 만들어내는 무수한 다중이며, 이 다중의 정치에는 과거에는 소외되고 배제되었던 이들인 여러 형태의 소수자들을 포함하면서도 또한 사물-동물-식물-기계와 같은 비인간 존재들과의 결합도 담겨 있다.

거버넌스(협치)란?

오늘날 전 지구의 사람들은 매일 고통이 가중되는 비참한 삶을 공유한다. 실업과 불안정 노동, 가계부채로 인해 소득은 과거와는 비교할 수 없을 정도로 현저히 줄어들고, 치솟는 물가로 인해 생활에 필요한 상품의 구매 문턱은 점점 높아지고 있으며, 세계 곳곳에서 진행되는 극단적 양극화로 인해 가난과 박탈의 느낌은 점점 깊어진다. 더욱이 코로나19로 그 일면이 드러난 기후위기 시대의 본격화는 우리의 일상에 커다란 변화를 만들어내고 있다. 기후위기 시대는 통치, 정치, 사회, 문화 등 전반에 대해서 화학적 반응이라 할 정도의 심원한 변화를 초래한다는 것을 우리는 '코로나19 비상사태'를 통해 추체험했다.

그러나 일국의 사법 기관들과 행정 권력들은 대기업이나 금융자본과 같은 지배 집단을 적극적으로 옹호하는 대리자로 행동하며, 세계적 정치기구들은 표면적으로는 늘 평화를 약속하지만, 실상은 미국을 비롯한 극소수 강대국들의 이익을 관철하는 수단으로 전락해 있다. 강대국과 자본의 이익을 관철하는 수많은 국지적 전쟁에 전 지구의 빈자들이 동원되며, 그로 인해 지구 곳곳은 전쟁과 테러의 공포가 만연해 있다. 또한 이윤을 추구하는 자본주의적 사회관계에 의해 무차별적으로 이용당한 지구 생태계는 곳곳에서 구멍이 뚫리고 난도질당해 그 마지막 신호를 온난화와 이상 기후, 공기 오염, 대지진, 생물 대량 멸종 등의 형태로 전체 인류에게 내보내고 있다. 이로 인해 지구의 개개인들은 점점 더 의외의 시간에, 의외의 방식으로 질병에 걸리거나 죽는 일이 잦아지며, 그만큼 전 지구인들의 가난과 삶의 비참은 더욱더 심화된다.

오늘날 이와 같이 인간 삶과 전체 생명계에 가해지는 많은 고통은 과거처럼 더 이상 일국적·국지적 수준의 문제로만 다뤄질 수 없다. 이것은 20세기 말 이래로 인류가 체험하고 있는 정치, 경제, 문화, 군사, 생태 등에서의 급격한 변화를 통해서도 확인되는 바이기도 하다. 이전과는 완전히 구별되며, 더 이상 저항할 수도 되돌릴 수도 없는 전 지구적 질서가 우리의 눈앞에서 전개되고 있다. 이 새로운 전 지구적 질서는 새로운 형태의 지배 논리와 지배 구조를 통해 작동하고 있는 만큼, 그에 적합한 비판 도구를 통해 접근할 때에야 비로소 그 특징 및 한계가 명확히 밝혀질 수 있으며, 그래서 삶과 생명계 안에서 발생하는 여러 문제에 대한 전망과 대안을 끌어내는 데에도 유용한 관점을 제공할 수 있다.

오늘날의 이 새로운 세계 질서를 이해하는 데 필요한 비판적 개념이자 또한 구성적 개념이 바로 '협치(governance)'이다. '협치'는 오늘날 전 지구적으로 작동하는 새로운 형태의 권력 메커니즘이면서 동시에 그러한 권력을 떠받치고 있는 아래로부터의 힘의 운영 원리이다. 한편으로 협치를 위로부터 작용하는 것으로 본다면, '헤게모니 권력이나 국제 시스템처럼 전체를 관장하는 정치적 권위가 부재한 상황에서 종종 그때그때 가변적인 방식으로 기능하고 규범을 생산하는 규제 구조'로 규정될 수 있으며, 바로 이러한 협치의 구조가 오늘날 전 지구적 권력의 지배적 메커니즘이다. 이것은 미국과 같은 거대한 힘을 가진 일개 국가나 특정한 기관 및 법질서가 세계 질서를 움직이는 것이 아닌, 다방향적이면서도 수평적인 여러 기관들(구글이나 애플, 삼성과 같은 전 지구적 기업들, UN, IMF, WTO와 같은 전 지구적 기관들, EU나 G20와 같은 각각의 개별 국민국가들의 연합체 등)에 의한 공동 협의 구조하에서 작동하는 권력 구조 형태이다. 그런 점에서 전 지구적 협치 체제는 기존의 국제법 중심의 법형식주의적 운영 체제나 특정 국민국가 중심의 제국주의적 운영 체제와는 그 결정이나 작동 방식에서 큰 차이를 드러낸다. 다른 한편으로 이러한 위로부터의 협치가 그때그때의 조건과 상황에 따라서 각 국가나 지역의 정치적·경제적·문화적 사건들에 크게 영향을 받을 수밖에 없는 구조를 말한다면, 역으로 그만큼 오늘날의 세계 질서가 전 지구의 삶과 생명들에 의한 '직접적'이고 '구성적'인 개입의 여지를 크게 열어놓을 수밖에 없음을 말해 주는 것이기도 하다. 그런 점에서 '협치'는 그것이 비록 새로운 세계 질서를 상징하는 대의적 권력 메커니즘임에도 불구하고, 언제나 아래로부터의 다중들의 투쟁과 욕망에 제약될 수밖에 없으며, 이러한 협치의 특징은 우리가 그것을 아래로부터 볼 수 있다면, 위로부터의 '협치'에 대한 비판을 경유하면서도 또한 시민사회 및 그 안에서 살아가는 삶과 생명들이 주도적 힘을 발휘하는 민주적이고 개방적인 '구성적 협치'

> **다중의 민주주의** · 생태 개념어 쪽지 ·
>
> 안토니오 네그리는 스피노자의 '절대민주주의'관을 오늘날의 탈근대적인 반자본주의 운동과 결합시키면서 다음과 같은 혁신적인 민주주의 개념을 제시한 바 있다. "스피노자가 제기한 문제는 근대의 핵심에 민주주의 사상의 가능성이 존재하는지, 다중에 의한 통치라는 가설이 존재하는지, 공통적인 것의 제도화가 가능한지의 여부이다. 그것은 이러한 요소들이 주권적 초월성의 주장과 모순되면서 내재성으로 귀결되는 것이 가능한가의 문제이다. 혹은 윤리적인 것(특히 윤리-정치적인 것)을 신체들 안에, 욕망의 물질성 안에, 그리고 신체들의 마주침과 충돌의 흐름 안에 기초 짓는 것이 가능한가의 문제 혹은 그것의 필연성의 문제이다. 그것은 우리를 고독에서 해방시키고 세계를 함께 구축할 수 있게 해주는 사랑이 이러한 발전의 근거로 부과될 수 있는 방식의 문제이다." Antonio Negri, *Spinoza for our time: politics and postmodernity*, trans. William McCuaig, New York: Columbia University Press, 2013, p. 17. 또한 이러한 네그리의 관점을 한국 사회에 적용해 '절대 민주주의' 가능성을 제기하는 것으로, 조정환, 『절대민주주의: 신자유주의 이후의 생명과 혁명』 갈무리, 2017을 보라. 이때 네그리가 제기하는 '다중의 민주주의'에서 '다중'은 특정한 정체성으로 귀결되지 않으면서 자본주의 내에서 서로 협력하는 오늘날의 새로운 주체성을 지시하는데, 아래에서 우리는 그것에서 더욱 포괄적인 의미의 인간/비인간의 동맹적 관계를 '공통적인 것'의 관점에 따라 재구축하는 관점을 추가하고자 한다. 그렇게 했을 때 비로소 다중이 지닌 인간주의적인 요소를 극복하면서 존재의 양상을 지구에 거주하는 존재자 일반으로 확장시켜 오늘날의 생태 위기를 돌파할 대안적인 '절대민주주의'의 관점을 확보할 수 있기 때문이다.

의 전망을 사고하는 방향으로 이끌기도 한다.

협치의 기본 이해: 통치, 관치, 법치, 협치

이러한 상황에서 우리는 협치를 어떠한 관점으로 이해해야 하는가? 한자어의 의미를 풀면 '協治'는 '힘들을 합쳐 다스리는 것'을 의미한다. 결국 협치를 규명하고 그에 대한 올바른 관점을 수립하기 위해서는 다음 두 가지 논의가 전제되어야 한다. 첫째, '힘'이란 무엇이며, 이 힘은 어디에서 나오는가? 정치적 역량, 존재론적 힘, 사회적 역능, 권력 등의 개념들을 관통하면서 사회 안에서 기능하는 힘들의 원천, 사람들이 살아가고 의존하면서도 그것을 증가시키는 힘에 대한 규명이 필요하다. 둘째, 다스린다는 것은 무엇이며, 어떤 이들이 누구를 그리고 무엇을 주도적으로 다스릴 것인가? 그리고 그것이 '힘'과 어떤 관계를 맺으며 어떠한 다스림이 힘을 배가시키고 혹은 힘을 감소시키는가?

특히 기후위기 시대를 맞이하여 파리협정과 같은 전 지구적 거버넌스가 작동하는 현실에 우리는 직면해 있다. 기후위기는 '공동의 차별화된 책임'과 같은 슬로건처럼 '모두의 책임'이자 '책임져야 할 모두(지구)'이다. 그러나 2021년 〈유엔기후변화협약 당사국총회(COP26)〉와 같은 국제회의에서는 선진국 수장들이 모여 협의만 할 뿐, 실제로 행동에 나서려는 모습을 거의 보이지 않는다. 기후위기 해결의 문제는 이제 시민의 손으로 넘어가 있으며, 아래로부터의 압박과 저항을 통해서 점차 시스템과 제도를 심원하게 변형시켜야 할 것이다. 네그리·하트는 마키아벨리를 따라 "지도를 그리는 이들이 산과 고원의 본성을 고려하기 위해서, 평지의 낮은 곳에 자기를 위치시키고, 평지를 연구하기 위해서, 산 정상의 높은 곳에 자기를 위치시키는 것처럼, 같은 식으로 인민의 본성을 잘 알기 위해 우리는 군주가 되어야 하며, 군주의 본성을 잘 알기 위해 우리는 인민이 되어야 한다"[4]라고 반복하면서 사실상 오늘날의 새로운 주체성인 다중들이 군주-되기에 나서야 한다고 말한다. 우리가 생각하기에 바로 이것이 위로부터의 협치를 발생시키는 근본 조건으로서의 아래로부터의 협치의 지평이다.

전 지구적 권력 메커니즘으로서의 협치, 즉 위로부터의 협치는 점점 더 가속화되는 전 지구화의 결과로써 세계가 거대한 네트워크와 연결(비록 그 접속·연결 방식은 다양할지라도)되는 상

---

[4] 네그리·하트, 『어셈블리』, 158쪽.

황을 그 조건으로 하며, 따라서 네트워크의 마디로 기능하는 모든 곳이 그에 상응하여 지역 내부에서 기능하는 힘들과의 협치의 필요성을 제기한다. 이것은 이전에는 일국적 주권 체제 내에서 고립된 형태로 작동하던 자본/노동, 남성/여성, 백인/유색인, 이성애/퀴어, 도시/농촌(지방) 등등의 위계적 권력관계가 외부(국민국가 주권의 외부)의 무수한 사람들의 소통 활동 및 연결망에 영향을 받을 수밖에 없고, 그만큼 국민국가 주권 내외부에서 개방적으로 작용하는 힘들을 자신의 작동 원리로 수용할 수밖에 없는 상황을 연출한다.

전 지구적 협치　　　　　　　　　　　　　· 생태 개념어 쪽지 ·

전 지구적 협치(global governance)는 국민국가 권력을 중심에 두는 통치와는 달리, "일반적으로 헤게모니 권력이나 국제 시스템처럼 전체를 관장하는 정치적 권위가 부재하는 상황에서 종종 그때그때 가변적인 방식으로 기능하고 규범을 생산하는 규제 구조를 가리키는 말로 사용된다." 패권국가로서의 미국의 힘은 오늘날에도 여전히 강력하지만, 과거와 같이 전쟁과 화폐를 통한 세계 지배나 문화적·도덕적·이데올로기적 우위성을 통한 직·간접적 식민 통치를 할 수 없는 상태에서 여러 국민국가들이나 UN, G20처럼 각종 국제적 협력 기관에 의존할 수밖에 없으며, 이는 미국의 이라크 전쟁 실패 이후에 더욱 분명한 형태로 드러났다. 전 지구적 협치는 바로 이러한 일방적 통치가 불가능한 상황에서 전 세계를 무대로 기존의 권력체들이 서로 협동하여 지구 전체를 규제하는 권력 메커니즘을 지시한다. 이에 대해서는 안토니오 네그리·마이클 하트, 윤영광·정남영 옮김, 『공통체』 사월의책, 2014, 그중에서 특히 4.2절 「미국 헤게모니 이후」 311-329쪽을 보라.

현재 한국에서의 '협치'—일국적 수준이긴 하지만 여기에서도 역시 협치는 두 가지 방향, 위로부터의 협치와 아래로부터의 협치가 작용한다—논의는 '협치'라는 용어가 사용될 때조차, 기존의 국가권력의 운영 메커니즘인 주권적 '통치'의 관점이나 아니면 제도와 법적 절차에 의해 보완된 '관치'나 '법치'의 관점에 머무는 경우가 다반사이다. 이러한 관점들이 가진 문제는 협치를 단지 '정당 간 연합'에 의한 '위로부터의 명령적 대의제' 즉 기존의 국민국가를 운영하던 전통적 권력 작동 형태인 군주적 통치를 보완할 뿐인 귀족들(정당, 국회의원, 행정 관료, 지배적인 언론, 대기업)의 연합에 의한 과두정의 통치로 여기거나, 아니면 지방자치단체의 권한을 강화해 시민사회와 연계될 수 있게 하되 그 주도권은 '행정기관'에 주어지는 형태의 '대의 질서' 수립 즉 관치 형태로 이해하는 데 머무른다는 점이다. 이러한 '정당 간 연합'에 의한 과두정 통치든, '지방자치단체의 권한 강화에 따른' 행정기관 주도의 '관치'든 모두 근대의 대의정치가 발전시킨 '법치주의'를 근거로 그 정당성을 확보한다.

이렇게 기존의 통치나 관치, 법치의 관점에서는 제헌권력(헌법을 제정하는 권력)의 관점("대한민국의 모든 권력은 국민으로부터 나온다")이 그보다 하위의 입헌권력(헌법에 의해 규정된 권력)의 관점

('선거만이 국민의 유일한 주권 행사 방법')으로 환원되고, 따라서 국민의 모든 자유로운 의사 표현과 직접행동, 기후행동과 총파업, 대규모 시위와 같은 거대한 제헌권력의 힘이 '법적 권리=투표권의 행사'라는 한시적이고 제한된 힘으로 순치될 수밖에 없다. 그 결과 다중의 구성적 힘은 사회적으로 활성화될 기회를 상실할 뿐만 아니라, 민주적으로 자신의 미래를 충분히 결정하지 못한 채 시간이 지남에 따라 점점 더 약화될 것이다. 나아가 오늘날의 '제국적 협치'는 시민들의 자발성을 충분히 활성화시키지 못하는 만큼 자본주의 비판에 소극적으로 만들 뿐만 아니라, 자본이 '협치'에 내재하는 구성적 민주주의를 심각하게 왜곡 및 변형하게 만듦으로써 오늘날의 여러 위기인 전쟁과 테러의 위협, 전 지구적 금융위기, 대기오염 및 국제적 질병(사스, 메르스, 코로나19, 그리고 가장 결정적인 문제인 기후재난) 등의 생태위기에 집단적이고 민주적인 해법을 도출할 수 없게 하는 장벽으로 기능할 뿐이다.

한국에서의 협치는 지난 문재인 정부 시절 협치 2.0의 이름으로 실험되었던 바 있다. 주권적 '통치(統治)'의 관점이나 관료제나 법적 절차를 보완한 '관치(官治)'나 '법치(法治)'의 관점 아래 갇혀 충분한 성과를 보이지 못하고 좌절된 이 실험은, 현재는 여전히 행정권력 주도의 관치의 요식 행위로 마을 활동가나 시민사회를 동원하는 모습으로 더 후퇴되었다. 그러나 우리가 분명하게 인식해야 할 것은 그런 가운데에서도 대의제는 계속해서 약화되고 있으며, 기능 저하에 시달리는 중이라는 점이다. 이러한 실정은 현재의 위기 수준을 고려했을 때, 불가피하게도 행정가, 정치인, 각종 분야의 전문가, 시민단체 활동가를 포함하는 다양한 형태의 시민들이 두루 참여하는 유연하고 탄력적인 거버넌스 모델의 필요성을 더욱 강화할 것이다. 특히 기후위기 상황에서 우리가 예상하지 못했던 여러 가지 형태의 문제들(갑작스러운 대규모 질병의 발생, 이상 기후에 따른 부속 효과들, 해수면 상승에 뒤이은 변수들 그리고 식량 및 에너지 문제와 연결된 다양한 사회적·경제적·심리적 변수들 등)이 발생할 수 있는데, 이를 위해서는 다양한 의제를 제공하고 문제를 숙고할 소통과 심의의 창구가 필요하며, 더 나아가 그것을 빠르게 제도적으로 현실화시키고 제도를 안정적으로 지속시킬 기관들을 민주적으로 통제할 수 있는 절차와 기구도 필요하기 때문이다. 물론 이러한 과정들을 실질적으로 추진하기 위해서는 적극적인 기후행동과 더불어 거버넌스를 통해 행정 절차상에서도 권력을 압박하는 과정이 선행할 필요가 있다. 이때의 거버넌스는 행정, 정치, 정책, 사회 등의 과정과 절차 속에서 어떻게 아래로부터의 시민들의 주도하에서 유동적인 권력 구성체를 형성해 내느냐가 관건이라고 할 수 있다. 이러한 아래로부터의 전 지구적 거버넌스를 구성하는 데에는 기존 권력 구성체들과의 거대한 갈등이 동반될 수도 있으며, 나아가 그러한 구성적 협치의 과정은 불가피하게 현재의 한국 사회를 그 근본에서부터 심대하게 변형(법적 구조, 정치 조직체, 경제적 관계, 사회 전반의 미시적 배치 형태 등의 변형)시킬 것이기에 이를 위해 세분된 여러 요소를 검토하고 실험하는 것이 필요하다.

협치의 작동 방식

기후위기와 관련된 구성적 협치, 아래로부터의 협치를 사고할 수 있는 기본 구도로 우리는 칼 폴라니가 『거대한 전환』에서 보여준 세 가지 교환양식의 교차와 교직에 주목하고자 한다.[5] 폴라니는 상품을 사고파는 '시장이라는 교환양식'만이 아니라, 재화와 부를 모아서 나누는 '국가라는 교환양식'과 선물을 주고받는 '공동체라는 교환양식'을 동시에 제시한다. 그가 보기에는 한 사회구성체의 형성은 이러한 세 가지 교환양

---

5 이에 대해서는 칼 폴라니, 홍기빈 옮김, 『거대한 전환』, 도서출판길, 2009를 보라.

식의 교차로부터 파생된다. 일단 폴라니는 1차 세계대전 직후 자유시장, 자유무역, 금본위제 체제에서 상품을 파는 시장이라는 영역이 국가의 공공 영역과 공동체의 증여의 영역을 잠식해 들어오는 상황을 목도한다. 이에 따라 시장에게만 압도적인 권력을 부여하는 자유주의의 경제 이데올로기를 모든 것을 갈아 넣는 '사탄의 맷돌'이라고 말하며, 결국 그로 인해 사회가 해체 및 파괴되는 양상으로 치닫게 될 것을 우려한다. 이와는 달리 그가 구상하는 사회 구성의 색다른 전략은 시장과 공공 영역이 서로 맞물려 돌아감으로써 사회를 보호하고 보존하려는 작동 양상을 띤다. 우리가 보기에는 바로 여기에서 사회의 구성적 협치의 전략이나 사회적 경제의 전략 등이 참고할 맹아적 모습이 확인된다. 폴라니가 1940년대 자본주의를 설명하기 위해서 시장, 국가, 사회의 세 가지 교환양식의 영역을 설정한 것이 오늘날 협치의 작동 양상과 놀랄 만큼 일치하기 때문이다. 즉 시장 만능주의적으로 작동하는 신자유주의나 국가 만능주의적으로 기능하는 국가사회주의의 독점적 사회 구성 모델이 아니라, 시장, 국가, 사회의 균형과 협력, 조화가 굉장히 중요해졌다는 점이 오늘날의 협치에서 확인되는 바이기 때문이다.

기후위기에 대한 대응으로는 국가, 시장, 공동체의 협치가 매우 중요하다. 특히 한국 사회에서 전기 사용의 85퍼센트를 기업이나 공공 영역이 차지하고 15퍼센트를 가정용 전기가 차지하고 있는 상황에서, 개인들을 기후위기를 유발한 당사자로 지목하면서 민간에게 기후위기의 대응과 책임을 떠넘기는 것이 아니라, 공공 영역과 기업의 에너지전환, 녹색전환을 통한 시스템과 체제에 대한 변화의 노력이 매우 중요해진 상황이다. 전 세계 100대 기업이 탄소 배출의 71퍼센트를 차지하고 있는 상황에서 기업에 대한 탄소 감축의 제도화를 위해서는 공공 영역에서의 제도적 변형과 이를 압박하는 공동체 영역의 기후행동이 함께 가야 한다. 그렇다고 민간의 역할이 없는 것은 아니다. 민간 즉 공동체와 시민사회의 영역에서는 제도 생산을 위한 사회의 전반적인 방향성을 바꾸는 것과 탄소 감축으로 향할 수 있도록 끊임없는 생활양식의 변화를 추진해야 한다.

그렇기에 협치의 과정에서 제도화와 제도 생산의 노력이 함께하면서, 과도한 탄소 배출 기업을 퇴출하고 에너지 전환으로 향하게 하는 과정이 요청된다. 현재의 막대한 기후위기 국면에서 공공 영역은 하루속히 국가비상사태를 선언하고 가용한 자원과 인력을 모두 기후위기를 대응하는 데 투여해야 할 시점에 와 있다. 그 과정에서 시민과 공동체, 사회 등의 영역과 공공 영역의 협치가 해야 할 일들이 매우 많다.

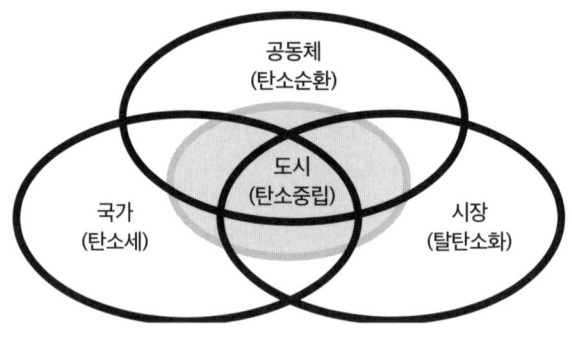

기후변화에 대응하는 협치의 구도.

'협치'는 전 지구적인 질서를 움직이고 있지만, 그 작동 양상에 대해서는 규명되지 못한 측면이 많다. 기업, 국제기구, 국민국가, NGO 등이 이 원리에 따라 움직이고 있다고는 하지만, 권력의 배치(dispositif)와 공동체의 배치(agencement)의 교직이 어떤 방식으로 이루어지는지에 대한 규명은 최근에 이르러서야 시도되고 있다. 먼저 국가권력의 '통치(統治)' 즉, 거버먼트(government)의 원리는 근대 이래로 칸트의 자유주의적인 시민주체의 양상에 따르고 있다. 칸트는 세계의 본질, 자연의 목적, 인간의 의지, 신 등으로 대표되는 '물자체'에 대한 규명을 포기하고 현상(phenomenon)을 파악할 수 있는 도식 작용(schema)을 가동하는 선험적인 주체를 등장시킨다. 이러한 자유주의적 주체의 도식 작용은 근대의 합리적인 시민의 인식, 행위 양식, 제도 생산의 가능성을 의미한다. 그러나 이러한 인간중심주의적인 칸트의 구도는 오늘날의 사회에서는 유효하지 않다. 주체는 과거와 달리 개인주의적으로 구성되지 않고 타인과의 협력이나 소통 과정을 통해 형성될 뿐만 아니라, 기후위기와 같은 지구 생명체 전체의 문제가 현실적인 위기로 드러날 때는 그러한 해법은 너무 협소하며, 실질적인 대안으로도 자리 잡기 힘들기 때문이다.

들뢰즈·가타리에 따르면, 자유주의적 개체의 도식적 인식 작용과 달리, 공동체의 도식화 작용은 냄새, 색채, 음향, 몸짓, 표정 등을 고도로 자유로우면서 상호 관계적 형태로 만드는 관여적 도식화 작용으로서의 도표(diagram)로 나타난다. 이것과 유사하면서 비교될 수 있는 것이 공공의 조직화 방식인데, 그것은 합리적 도식화 작용으로서의 기표(signifiant)로 나타난다. 들뢰즈와 가타리를 빌려 말하자면, 이러한 도표의 도식화 작용과 기표의 도식화 작용은 관계망과 제도 간의 만남으로 구체화된다. 우리는 이것이 민주적인 협치의 과정에서 묘한 긴장감과 역동성을 부여해 줄 것이라고 이해한다. 한편에서는 기표의 도식화 작용은 의미화된 질서로 향하며, 공공 영역의 제도와

성과주의와 긴밀한 관련을 맺는다. 반면 도표의 도식화 작용은 지도화의 질서로 향하며, 공동체 영역의 관계망과 자기 생산, 구성, 사회의 재건에 대한 역동적인 움직임을 의미할 것이다. 문제는 제도의 편에서 발언하는 사람들의 경우 미리 주어진 공동체, 인간, 사회에 따라 발언하겠지만, 공동체의 편에서 발언하는 사람들의 경우 앞으로 구성되고 재건될 공동체, 인간, 사회에 따라 발언할 것이라는 점이다.

정상호가 한국NGO학회에 발표한 『서울시 시민참여행정의 성과와 과제』에 따르면,[6] 민관정의 협치는 행정이 주체가 되는 '정책 과정'과 시민과의 상호작용이 이루어지는 '사회 과정', 그리고 의회 정당, 상·하위 정부기구 등과의 상호작용을 포괄하는 '정치 과정'으로 이루어진다고 한다. 이는 민·관·정이 함께 어우러져야 협치의 절차적인 효능을 보여준다. 그러나 이러한 정책 과정과 사회 과정, 정치 과정을 분리해 사유하는 방식은 구성적 협치의 즉각적이고 직접적인 제도화 과정의 예술적이고 미학적이면서도 강렬하고 뾰족한 면을 중화하고 탈색하는 것에 불과하다. 이러한 정부의 협치 계획은 우리에게 정책 과정이나 정치 과정이라는 제도화의 과정이 사회 과정으

---

6 정상호, 「서울시 시민참여행정의 성과와 과제: 정책토론회를 중심으로」, 『NGO연구』, 제9권 1호, 2014, 1-31쪽.

유엔의 굿 거버넌스 모델.

로서의 공동체적 관계망을 제도 생산에서 하위 과정에 종속시키는 것이 아닌가 하는 의심을 자아낸다. 기표의 도식화 과정에 종속된 도표적 도식화 과정, 즉 관계망이 제도적인 것에 종속된 형태에서 제도 생산으로 배치한다면, 구성적 협치의 엄청난 잠재력과 응집력을 놓친 채 정부 주도의 일방적 협치로 귀결될 것이다. 실제로 기존 1세대 마을공동체 활동가들의 발언들을 면밀히 살펴보면, 협치 자체를 구성적 협치로 전진 배치하는 것이 아니라, 어설프게나마 협치가 가능해진 작금의 현실에 그저 만족해 왔다는 것 역시 확인되며, 마을공동체 활동가들조차 관계망이 만들어내는 풍부한 도표적 도식화 작용이 아니라 합리적이고 효율적인 기표의 도식화 작용에 따르는 역설이 발견되곤 했다.

유엔의 굿 거버넌스 모델에서 ① 사회 과정은 공동체와 시장 사이를 가로지르는 영역이고, ② 정치 과정은 시장과 국가를 가로지르는 영역이고, ③ 정책 과정은 공동체와 국가를 가로지르는 과정으로 볼 수 있지만, 정책 과정 자체가 시장, 민간, 공공 영역의 통섭적인 차원이라고 간주하기도 한다. 국제기구에서 사용하고 있는 협치의 내용으로는 참여(participation), 법의 지배(rule of law), 반응성(responsiveness), 투명성(transparency), 합의 지향(consensus oriented), 공정성과 포괄성(equity and inclusiveness), 효과와 효율(effectiveness and efficiency), 설명 책임(accountability) 등이 있다. 대부분 의미화의 방법론에 따르는 기표로서의 도식화 작용의 특징을 보이는 것이 국제기구이자 국제회의 담론 양상들이다. 앞으로의 연방주의에서 "지역(local)이 지구(global)이다"라는 점이 부각되는 이유는, 국지적이고 지엽적이고 유한한 장소와 영토에서 발생하는 관계망이 더욱 풍부한 잠재력이 있기 때문이다. 오히려 보편어법이나 편재성, 무차별성 등을 특징으로 하는 기표의 도식화 작용은 합리적으로 보이지만 전혀 역동성이 없는 담론이나 정책의 양상이라고 할 수 있다. 그런 점에서 향후에 구성적 협치의 관건이 될 기후 난민과 같은 영역에 대해서 응답할 수 있는 색다른 연방주의의 창안이 요구되는 상황이다. 지구라고 하는 하나의 마을 안에는 살아 꿈틀거리는 소재로서의 자연, 생명, 공동체가 가진 도표로서의 고도로 자유롭지만 고도로 조직된 도식화 작용의 에너지와 힘을 내장하고 있기 때문이다.

공동체, 공공, 시장만으로 운영되는 거버넌스의 한계

(1) 공동체 주도의 거버넌스

공동체 주도의 거버넌스의 긍정적인 면은 아래로부터의 거버넌스를 구성할 원동력일 수 있다는 점이다. 그러나 공동체 자체가 갖고 있는 국지성과 지엽성은 사회 과정, 정책 과정, 정치 과정의 일부로서만 작동할 수 있으며 그래서 효과의 측면에서 파급력은 약한 편이다. 이런 점에서 공동체가 어떻게 사회 과정에서 역량을 발휘하게 하는가가 숙제이다. 또한 자본력 부족으로 인해 확장성이 떨어질 수 있다는 점이 시장과의 교직을 통한 사회 과정을 만들어야 한다는 숙제를 남긴다. 동시에 공공 영역의 지원이 없다면 정책 과정에 참여할 기회를 얻지 못한다는 점도 드러난다.

(2) 공공 주도의 거버넌스

공공 주도의 거버넌스의 긍정적인 면은 보편적인 제도를 효율적으로 적용할 수 있다는 점에 있다. 그러나 공공 영역이 갖고 있는 제도적 측면은 공동체 영역의 관계망과 만나야만 유효해질 수 있다. 공동체 영역의 관계망이야말로 협치의 역동성과 관련된 중요한 부분이기 때문이다. 공공 영역은 정치 과정과 정책 과정과 긴밀한 관련을 맺으면서 의제 선정과 의제의 정책화 과정에 호환되어 있다. 그러나 입헌적, 의회적, 대의제적 방식인 위로부터의 거버넌스를 통해서 정책의 입안이나 실행에서의 성과주의로 나타날 수 있고, 공동체 영역이나 시장 영역과 달리 창의성이나 민주성이 떨어진다는 한계도 갖고 있다.

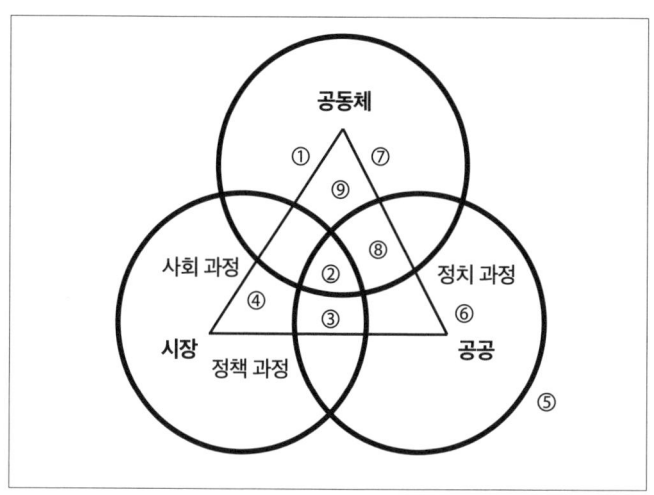

거버넌스의 여러 가지 섹터들.

(3) 시장 주도의 거버넌스

시장 주도의 거버넌스의 긍정적인 면은 확장성을 통해서 사회 구성원들 내에 새로운 트렌드를 만들 수 있다는 점이다. 공동체 영역과 교차하는 사회 과정을 통해서 관계망과 관련된 욕망과 정동(affect)을 추출하여 트렌드화할 수 있다. 동시에 공공 영역과의 협상과 교직에서 정치 과정을 통해 시장의 트렌드가 제도화될 수 있다. 그러나 시장 주도의 거버넌스는 독립성과 개방성이 떨어지는 자본화 과정에서의 의미화된 응고물에 머문다는 한계가 있다. 이윤 추구라는 자본의 숙명적인 속성에 의해 사회적 생산물은 결국 자본의 이익으로 회수될 수밖에 없기 때문이다.

(4) 세 가지 섹터에 대한 종합

① 마을공동체에서 이뤄지는 로컬 거버넌스: 로컬 거버넌스는 기후위기 시대에 대한 대안으로 부심하고 있다. 그것은 국지적인 영역에서 삶의 양식을 변화시켜 최적화된 탈성장으로 향해야 한다는 시대적 요구에 응답하고 있다. 가장 가까이에 있는 이웃, 가족, 친구와 응집도를 가질 때, 더불어 미래 세대에 대한 관점이 생길 것이라는 전망이 도출된다. 동시에 로컬 민감성이 전 지구적인 민감성으로 확장된다면 로컬 거버넌스는 우애와 환대의 거리 조절의 관계망으로서 등장할 여지도 있다.

② 사회적 경제에서의 통합적이고 통섭적인 거버넌스: 협동조합과 사회적 경제의 민주적인 운영이 균형의 내부 배치를 갖고 있으며, 공동체, 시장, 공공 영역의 가장 균형 잡힌 영

역에서 사회적 경제가 발흥한다. 그러나 대규모 감염병 시기 동안 밀접도와 접촉 가능성이 낮아지면서 사회적 경제 영역이 제 역할을 다하지 못한다는 지적이 나오고 있다. 또한 사회적 경제가 기후위기에 대해서 혁신성, 선도성, 유연성을 갖지 못하고 친환경 제품의 판매처와 같이 전락한 현실이 있다.

③ 공공에서 민간에게 떠넘기는 신자유주의적인 거버넌스: 금융자본주의하에서의 거버넌스는 공공이 할 일을 민간에게 떠넘김으로써 공공의 책임을 회피하는 방식이었다. 작은 자원을 가지고도 민간에서 거버넌스를 운영할 수 있으며, 그 성과를 모두 공공이 가져갈 수 있다는 얄팍한 방식의 접근이 협치의 과정에서 나타났다. 그러나 기후위기 시대에서는 공공 영역의 책임성이 아래로부터 구성되어야 하며, 이를 통해서 이러한 공공이 민간에게 떠넘기는 신자유주의적 거버넌스를 극복해야 한다는 목소리가 높다.

④ 민간이 시장에서 플랫폼으로 변신하면서 자본과 공공에게 요구하는 거버넌스: 플랫폼자본주의의 개막은 기후위기 시대와 함께 찾아왔다. 이에 따라 시장과 공공 영역이 동등한 플랫폼으로 변화하면서 시장 자체의 플랫폼이 공공 영역을 플랫

폼으로 역규정하며 활용하는 방식이 전반화되었다. 이에 따라 시장 자체가 갖고 있는 거버넌스에서 주도성이 공공의 제도와 공동체의 관계망을 대체할 수 있다는 환상을 불러일으키고 있다. 그러나 민민, 민관의 거버넌스 과정을 통해서 기후위기 시대에 대한 슬기로운 해법을 찾아야 할 것이다.

⑤ 국제기구에서 이루어지는 전 지구적인 거버넌스: 유엔이라는 연방기구와 지속가능한 발전(SDGs)이라는 국제적인 의제, 파리협약이라는 국제회의 등이 여기에 해당한다. 국제적인 거버넌스는 시장, 공공, 공동체의 외부에 있는 것이 아니라, 이 세 가지 섹터의 전반적인 흐름과 방향성을 지시해 주기 때문에 의미가 있다. 특히 기후위기 시대는 전 지구적인 협치와 일국적 협치의 경계가 모호해지는 상황이다. 그런 점에서 연방주의의 강화나 국제협약에 대한 실행 요구 등을 아래로부터 전개할 필요가 있다.

⑥ 정치와 정치의 과정이 만나는 당 대 당, 국내 정치의 위로부터의 거버넌스: 정치 과정에서의 거너번스는 의회와 당, 당과 당, 정치조직과 당 등의 거버넌스 형태로 드러난다. 기후위기 시대의 정치 과정은 이러한 정치 과정을 통해서 책임성

있는 정치, 실효성 있는 정치를 요구하고 있다.

⑦ 자치와 자율을 강조하는 풀뿌리 거버넌스, 공공을 압박하는 형태지만 민관협력에 약함: 풀뿌리 거버넌스는 자율성을 갖고 있으며, 공공을 압박하고 적극적으로 기후위기 의제를 적용하기를 요구하고 있다. 풀뿌리 거버넌스 중 가장 대표적인 것이 '기후위기 비상행동'과 같은 기후행동 조직이다. 독립성과 자율성을 요구하는 풀뿌리 거버넌스이기 때문에, 민관협력을 통해서 문제를 해결해 나가는 방향성에서의 정치 과정과 정책 과정의 보완이 필요하다.

⑧ 통상적인 정책 과정에서의 거버넌스로서 주로 NGO에서 의제를 생산하여 공공에게 요구하는 형태의 거버넌스: 의제를 선정하여 정책 과정을 이루는 NGO 스타일의 거버넌스이며, 이는 의제가 차고 넘침에도 책임성과 변화의 행동이 결핍된 기후위기 상황에는 상당히 낡은 형태이다. 결국 정치 과정에 종속된 정책 과정이 될 것이기 때문에 정치적인 것에 대한 종별화로서의 시민사회라는 위치와 배치를 띤다.

⑨ 자신의 의제를 주장하며 이슈 파이팅하는 거버넌스, 환

경단체, 시민단체에서의 활동가들: 의제 선정을 독립적이고 자율적으로 이루고 실행까지도 적극적으로 수행하는 방법이며, 이는 기후위기 시대에 필요한 활동가 조직의 모습이라고 할 수 있다. 그러나 확장성과 제도화의 영역은 보완될 필요가 있다.

(5) 대안적인 거버넌스에 대한 실험

생명민회가 어떠해야 하는지를 똑똑히 보여준 가장 좋은 사례로 세월호 유가족들을 들 수 있다. 생명민회에서 기대할 수 있는 모습을 세월호 유가족에게서 볼 수 있기 때문이다. 보통 생명위기의 참사 현장의 풍경이라고 하면 무참한 상황과 대비되어 대피소에서 무기력하게 누워 있는 주민들의 형상을 상상하기 쉬운데, 세월호 유가족의 경우에는 용감하고 강건한 행동으로 거리로 나섰으며, 진실을 규명하려고 노력했다. 이는 생명위기 상황에서 '위기에 강한 협치'가 교섭해야 할 생명민회의 모습을 보여준 역사적인 행동양식이라고 할 수 있다. 세월호 유가족들은 한국 사회에서 생명민회 개념이 상상했던 색다른 지평을 엶으로써 사실상 구성적 협치가 생명위기 시대에 어떤 식으로 이루어질 수 있는지에 대한 단초를 제공한다.

생명위기 시대는 기후변화와 생물종 대량 멸종의 시대, 안전 사회의 붕괴 등과 함께 진행될 것이라는 점에서 암울한 증후가 곳곳에서 나타난다. 생명위기 상황에서는 중앙의 대응센터가 해야 할 역할만이 아니라 현장에서의 즉흥 행동 등이 매우 중요하다. 센터와 현장이 반응 속도에서 큰 차이가 있기 때문이며 행동 유형에서도 차이가 있을 것이기 때문이다. 직관력, 관찰력, 영감, 느낌, 감각 등과 같이 생명위기 현장에서 동원되는 행동 유형은, 기능주의, 전문가주의, 자동주의를 주축으로 한 관료제 지층의 대응 방식과는 매우 다르다. 급박한 위기 상황에서 즉흥 행동 속에는 모든 생존 가능성의 여지가 응집되기 때문이다. 생명민회의 구성과 현장에서의 생태민주주의의 작동은 '위기에 강한 협치'를 구성하는 기본 판과 구도가 될 것이다.

위기에 강한 협치가 작동하는 연결망

▫ 네트워크까지 협치 확산: 2007년 삼성 허베이스피릿호 원유 유출 사건 당시 전 국민이 태안 앞바다로 몰려갔던 눈덩이 효과의 경험 재전유.

▫ 시민-공동체-네트워크-사회 차원의 직조 방식의 차이점과 협치적 접근의 차이: 연결망 자체와 작동 방식에 대한

연구.

▫ 누적적 네트워크를 분산적 네트워크로: 시간순으로 선형적으로 구성된 네트워크와 돌발 흔적과 같이 구성하는 네트워크의 차이점.

▫ 제어와 통제 시스템과 메타 네트워크: 시스템/네트워크, 모델화/메타 모델화, 프로그램/다이어그램, 영토화/지도화 간의 차이점.

▫ 과잉 네트워킹 상황에서의 대처: 센터의 과부하와 넷의 우회 전략.

▫ 시민과 공동체의 투 트랙: 책임 주체와 관여적 주체의 이중 전략.

▫ 근접 영역의 구심력과 원격 영역의 원심력: 현장에서의 집중성과 주변과 가장자리의 강렬도 동시 활용 방안.

▫ 한살림의 생명민회 제안: 협치 외부의 평의회 유형의 시민 조직화 가능성.

세월호의 경우에서도 보이지만, 국가는 거기에 없었다, 정확히 말하면 기능 정지 상황에 있었다. 이런 상황에서 환경 재난과 생태계 위기 등의 우발성을 내부의 경우의 수로 만들어 특이점을 설립하는 협치가 새롭게 등장할 것이다. 이에 대한 스케치는 안토니오 네그리의 『공통체』에 단상으로 제시되어 있다.[7] 이는 생명과 자연의 경우의 수까지 특이점으로 설립한다는 점에서 거대한 협치, 위기에 강한 협치를 의미할 수도 있다. 일련의 과정은 모든 경우의 수를 포섭해 오면서 외부를 상실한 현존 문명의 방향성과도 충돌하지 않으며, 더불어 특이점을 설립하여 경우의 수를 늘리는 방향과도 충돌하지 않는다. 위기에 강한 협치의 기본 구도는 자연과 생명, 인간, 사물, 기계 등의 모든 경우의 수를 고려하면서 이를 인간을 대리인 삼아 그것이 발휘할 수 있는 최대치를 상상하고 사유하게끔 만든다는 점에서 "상상력에게 권력을!"이라는 68년 혁명이 제출했던 슬로건의 현현으로도 보인다. 이제 문명이 선택할 경우의 수를 설립하는 데 중요한 것은 상상력, 예술적인 감수성, 정동, 욕망과 같은 비물질적인 것이 된다. 이 시기 협치는 기획 단위이자 실행 단위로도 확대될 것이다. 그 자체가 생명민회의 한 섹터가 될 것이기 때문이다.

생명위기 시대에 우리는 주저앉을 수 없으며, 그저 전망 상실과 우울, 소진, 번아웃, 불안 등에 고립될 수도 없다. 우리는 사랑과 욕망, 정동의 힘에 기반하여 그것의 반복이 만들어내는

---

[7] 안토니오 네그리·마이클 하트, 정남영·윤영광 옮김, 『공통체: 자본과 국가 너머의 세상』, 사월의책, 2014.

특이점의 능력에 따라 우리가 선택할 수 있는 경우의 수를 늘려가야 할 것이다. 현대 사회가 초연결 사회이기 때문에 국지적인 한 영역에서 만들어낸 특이성 생산의 지혜와 경험은 금방 다른 영역과 지역으로 전달될 것이다. 하나의 특이점이 눈덩이 효과를 갖는다는 분자혁명의 구도도 참고해 볼 수 있지만, 수많은 특이점들의 경험과 노하우, 지혜, 파급효과가 복잡계를 이루면서 '경우의 수의 경우의 수'가 되는 것을 상상해 볼 수 있다. 구성적 협치는 놀라운 특이점을 설립하는 차이와 다양성의 생태계에 희망을 건다. 특이점은 붕괴의 조짐이 있는 인류 문명의 재건의 단초가 될 것이며, 이러한 특이점의 돌발 흔적이 번져나가는 과정이 바로 구성적 협치이다.

세월호 참사라는 막대한 위기 상황에서 작은 정부, 보수 정부, 부패한 정부는 희생자들을 향해 "가만히 있어라"고 하면서 자신조차도 가만히 있었다. 그러나 세월호 현장에서 작동하는 공동체의 행동과 유가족들의 실천 속에서 생명민회의 단서를 발견하게 된다. 위기 매뉴얼은 작동하지 않았고 사문화되었지만, 개체적 이성은 알지 못하는 여러 사람들이 참여한 집단적인 이성이 지도 그리기를 하면서 위기에 대응했다.[8] 위기에 강

---

[8] 집단적으로 형성되는 이성(네그리·하트의 표현으로는 "삶정치적 이성")이 공동으로 문제를 사고하면서 저항을 기획하고 대안을 마련하는 역사적 사례로는, 네그리·하트, 『공통

한 협치는 공동체와 공공 영역을 연결하기도 하는데, 이는 기존의 경찰-군대-소방 당국의 성격을 변경하기도 한다. 그들은 독점적인 폭력 사용의 기관이라는 자신의 기능을 일시적으로 중단하고 생명 구조와 안전 보장의 기능을 극대함으로써 구성적 협치에 참여할 수 있었는데, 이는 생명과 생존의 위기 속에서 구현되는 협치가 기성의 감시와 폭력의 조직조차 연대와 사랑의 조직으로 성격 변경시켜 민주적이고 수평적인 대응 행위에 함께할 가능성을 보여주는 것이기도 했다. 세월호는 위기에 강한 협치, 위기에 강한 생태민주주의, 위기에 강한 생명민회의 씨앗들을 보여주면서 생명위기 시대에 들어선 우리들에게 거대한 전환의 메시지를 던져준다. 위기에 강한 협치는 사랑과 정동, 욕망에 따라 재건하고 구성해 낼 미래진행형적인 과제들이다. 그런 점에서 우리는 늘 미래를 상상하고 꿈꾸고 실천하는 것인지도 모른다.

생명위기 상황에서의 전략적 지도 제작

1. 우발성, 여백, 카오스의 도입: 자연의 외부적 우발성과 협치의 내부적 우발성.

체』, 190-193쪽을 보라.

2. 수직 층위를 수평화하기: 수직과 수평 사이의 무수한 횡단선에 주목할 것.

3. 시민성의 변화 양상에 따른 협치 구성의 다극화: 엘리트 시민-여성-소수자-생명-다문화 사회-주민.

4. 총동원이나 단일 전선이 불가능한 상황에서 네트워크 전략: 네트워크를 행동 전략의 수준으로 높일 것.

5. 협치가 갖는 재건적 성격, 구성적 성격(위기 이후의 재건 과정에서의 협치): 재난 시 국가, 공동체, 시장의 교직과 재건 활동.

6. 개인까지의 접근: 위기 매뉴얼의 복잡화와 원자화된 개인이라는 한 쌍의 문제.

7. 펠릭스 가타리의 '제도=관계망'의 전략과 협치: 제도 생산과 관계망 생산 투 트랙.

8. 기존 협치에 참여하는 단위의 전용 전략: 일상적 협치에서 위기 대응의 협치로.

9. 분자화된 협치의 생산과 집단 지성의 활용: 집단 지성 능력에 기반한 협치의 파급 전략.

10. 생명민회와 주체성 생산 전략의 도입: 협치의 외부에서 에너지 끌어오기.

11. 무차별 접근법: 보이지 않는 공동체에서 역능의 창발에 기반하기.

12. 환경관리주의의 제도적 구성주의와 위기 시 관계망의 구성주의와의 협치.
13. 사회적 배치 속에 위기에 대응하는 핵심 집단의 배치: 컨트롤 타워의 유동성.

이러한 위기에 강한 협치의 구상은 대안적인 협치에 대한 개념의 구도를 만들어낸다. 이는 '위로부터의 협치가 아닌 아래로부터의 협치'가 그것이다. 아래로부터 발흥하는 민중, 소수자, 생명의 역량을 모아서 공공 영역을 압박함으로써 정치 과정에 종별화된 시민사회라는 기존의 구도를 벗어나는 것을 의미한다. 여기서의 제도화 과정이나 의제화 과정은 아래로부터의 관계망에 기반하고 있기 때문에 실효성 있는 제도화 과정의 판을 깐다. 또한 그다음으로 '행정의 들러리로서의 협치가 아니라, 재특이화 과정으로서의 협치'가 있을 수 있다. 행정이 성과주의를 위해서 동원하는 협치가 아니라, 협치 그 자리에서 차이를 낳는 차이로서의 생태계를 조성하는 과정이 있을 수 있다. 또한 '완성형으로서의 심의와 자문의 협치가 아니라, 과정형으로서의 실험, 실천, 운영, 집행의 협치'가 있을 수 있다. 이는 자문위원회 구조가 아니라, 행동과 실험, 실천에 나설 수 있는 협치 단위의 재창안을 의미한다. 이는 결국 '환경 재난과 같은 우발성에 대해서 유연하게 대처할 위기에 강한 거버넌스'로 수렴된다. 환경 재난에 유연하게 대응하는 데 참고할 만한 사례로는 2020년 대구의 코로나19 확산 상황에서 시민 비상상황실을 운영했던 경험을 들 수 있다. 이는 위기에 강한 협치의 가능성을 알리는 하나의 색다른 사건이며, 재난자본주의에서 시민이 주도권을 가질 수 있는 재전유의 상황을 의미한다.

Climate Crisis
And Constitutive
Governance

3장

구성적 협치의 사상가들

브뤼노 라투르의 사물 정치와 공생적 협치

흰개미와 흰개미집

오늘날의 전 지구적 네트워크는 일정한 국경을 가진 '단일 국민국가'가 군주적으로 군림하며 통치하는 형태를 불가능하게 했으며, 국민국가의 제국주의적 확장의 기획조차 상호 견제하는 여러 정치적 블록과 국제기구들(가령 유럽연합, G20, 유엔을 비롯한 국제기구들)로 인해 일방적 형태로 유지될 수 없게 했다. 그런 점에서 상호작용적인 민주적 협치는 오늘날 전 지구인들이 정치적으로 의사결정을 내리고, 여러 위기 형태(지구온난화, 글로벌 금융위기, 대륙 간 미사일 체제와 핵발전소 등과 같은 핵 관련 이슈 등)에 대한 근본적 대안을 기획하고 실행할 유일한 정치 형태일 것이다. 이러한 조건에서 발생한 지난 몇 년간의 팬데믹 상황은 외형적으로는 우리가 참여하고 구성할 수 있는 여러 형태의 민주적 협치를 불가능하게 하면서 그 위기를 심화할 뿐만 아니라, 또한 전 지구적 협치의 내적 요소이자 그것을 규정하는 힘으로 작용하는 다양하고 창의적인 대안의 생산을 일시 중지시키면서 협치가 가진 잠재력의 성장 역시 약화시켰다. 협치를 실현하기 위해서라도 우리가 힘을 합치려는 상호작용의 마주침을 경유해야 하고, 그것을 통해 서로에 대해 영향을 주고받을 수 있어야 하지만, 팬데믹과 그에 따른 조치들이 큰 장애물로 기능했기 때문이다.

하지만 지난 팬데믹은 격리와 폐쇄만을 가져온 비생산적 사건이기만 한 것일까? 브뤼노 라투르(Bruno Latour)의 관점에 주목해야 하는 것은 그가 근래에 있었던 팬데믹의 격리와 폐쇄의 환경에서도 공생과 환경 생산이 가능하다는 점을 역설한 바 있기 때문이다. 그의 관점은 뒤에서 언급할 린 마굴리스의 '공생 가설'과 도나 해러웨이의 '공-산' 개념과 상통하고, 나아가 비인간 존재들과의 민주적 질서(이른바 '사물민주주의')를 사고하는 데 유용한 관점을 제공한다. 우리는 이 점에 주목해 그의 논의에 '공생적 사물민주주의', '공생적 협치'라는 이름을 부여하고자 한다. 그는 민주적 협치를 위기에 빠뜨리는 전 지구적 단절의 시대에 흰개미들과 버섯의 공생적 협치에서 우리가 배워야 할 것이 있다면서 이렇게 말한다.

> **공생적 협치** · 생태 개념어 쪽지 ·
>
> '공생(symbiosis)'은 서로 다른 종의 생물종들이 상호 작용을 통해 '생명 활동을 이어가는 것'(사전에서는 이 부분을 '상호 이득이 되는 것'이라고 설명한다)을 말한다. 해러웨이는 린 마굴리스의 '공생' 개념을 설명하면서, '공생'을 '상호 이득이 되는' 관계라고 보는 것에 반발한다. 공생을 '이익'의 관점으로 보는 것은 생명과 세계를 '소유적 개인주의'와 상호 경쟁의 '제로섬 게임'으로 보는 특정한 인간주의적 관점에서만 성립 가능하다는 것이다. 이에 대해서는 도나 해러웨이, 최유미 옮김, 『트러블과 함께하기』, 마농지, 2021, 109쪽을 보라.
>
> 공생은 그에 참여하는 생명체들에게 결과적으로 이익을 가져올 수는 있으나, 생명체들이 이익을 목적으로 해서만 공생 관계를 맺는 것은 아니다. 가령 단세포 섬모충 '믹소트리카 파라독사'(M. 파라독사)와 오스트레일리아 흰개미의 공생 관계를 생각해보라. M. 파라독사는 흰개미의 내장 안에 남은 섬유질을 분해하며 영향을 섭취하고 그 덕분에 흰개미는 소화를 촉진할 수 있는데, 이는 먹고 먹히는 관계의 실패에서 비롯된 것이다. 흰개미가 자기의 먹이 속에 섞여 들어간 M. 파라독사를 소화하지 못했기 때문에 M. 파라독사는 흰개미의 내장 안에 남았고, M. 파라독사는 다른 곳보다 어쩔 수 없이 흘러들어간 흰개미의 내장 안에서 자신의 안정적 거주지를 마련했다. 공생을 먹고 먹히는 관계 속에서 벌어진 실패의 결과로 이해하는 관점으로는, 최유미, 『해러웨이, 공-산의 사유』, 도서출판b, 2020, 72-82쪽을 보라.
>
> 나아가 마굴리스는 공생이 아주 특수한 몇몇 종들에게서만 이루어지는 것이 아니라, 지구에 거주하는 모든 존재에게 해당하는 것이라고 말한다. "우리는 공생자 행성에 살고 있는 공생자들"이다. 즉 공생은 예외적인 생명체들의 특수한 활동이 아니라, 지구 내 거주하는 모든 존재자들의 피할 수 없는 생명 활동이며, 이것이 새로운 종을 발생시키거나 더 강력한 생명 유지의 동기로 기능한다는 것이다. 마굴리스는 이를 적자생존과 구별되는 진화로 이해하면서 '공생발생(symbio-genesis)'이라는 이름을 붙인다. 린 마굴리스, 이한음 옮김, 『공생자 행성』, 사이언스북스, 2007, 22쪽.

버섯 재배 흰개미들이 나무를 소화하는 능력을 가진 특정 버섯—그 유명한 흰개미버섯—과 공생하는 방식에서 확인되는 커다란 편이성은 이 흰개미들이 흙을 씹어서 그 내부에 일종의 온도 조절 기능을 유지하는 거대한 둥지를 세운다는 사실에 있다. (……) 흰개미는 결코 바깥으로 나오(게 하)지 않는다! 오로지 흰개미집만이 배출될 뿐. 하지만 흙덩이를 하나하나 뱉어내면서 그 집을 세우는 건 다름 아닌 흰개미 자신이며, 바로 그 사실에 의해, 즉 제 집을 약간 더 멀리 확장시킨다는 조건하에 흰개미는 어디로나 갈 수 있다. 흰개미는 제 집 속에 스스로를 은폐하고 그것으로 스스로를 감싸며, 그 집은 흰개미의 내적 환경인 동시에 그가 하나의 외부를 가지는 고유한 방식이고, 어떤 의미에서 녀석의 확장된 몸이기도 하다.[1]

팬데믹 기간에 우리가 집이라는 '갇힌' 감옥에서의 생활에 익숙해지는 동안, 우리는 흰개미와 마찬가지로 집이라고 하는 공간을 우리의 일상적 환경으로 넓혀 나갔다. 거기에 더해 우리가 거주할 장소를 새롭게 확립하면서 타자와의 공생을 이뤄낸 바 있다. 그 기간 우리는 집을 더욱 확장된 업무의 장소이

---

1 브뤼노 라투르, 김예령 옮김, 『나는 어디에 있는가?: 코로나 사태와 격리가 지구생활자들에게 주는 교훈』, 이음, 2021, 15-16쪽.

자 생산의 장소, 상호작용의 장소로 변형시켰으며, 가상실효적(virtual) 공간들(줌, 넷플릭스, 유튜브, 페이스북, 배달 앱, 각종 커뮤니티 등)에 더 많이 진출하고 머무름으로써 집과 가상 공간을 하나의 틀로 연결했다. 우리는 흰개미와 마찬가지로 우리의 거주지 자체와 공생했다.

라투르는 팬데믹 기간 동안 인류가 도시와 집과 맺는 관계를 흰개미가 흰개미집과 맺는 관계와 흡사하다고 보면서, 거주 환경과 거주자들이 상호 관계를 맺는다고 보았다. 그런 점에서 거주 환경으로서 집을 정의하는 일은 그 집에 머무는 이들과 그들이 관계 맺는 사회적 연결망을 정의하는 일과 같다. "거주자들이 떠나거나 묘지에 매장되어 말라 가며 제 뒤의 궤적들 속에 하나의 거주 환경을 남길 때, 도시는 그 거주자들의 외골격이다. 자신의 도시[집]에 있는 한 명의 도시인은 제 껍질 안에 든 한 마리 소라게와 같다."[2] 거미가 자신의 생존과 이동을 위해 자기 몸에서 뽑아낸 실로 거미집을 짓고 그것과 한 몸이 되듯, 우리는 노동의 산물인 엘리베이터나 초인종, 스마트폰과 같은 인공 보철을 집의 배경이자 구성 요소로 만들면서 우리의 몸을 확장하고 그와 하나의 환경을 구성한다. 이것은 우리

---

2 브뤼노 라투르, 앞의 책, 21쪽.

와 마찬가지로 모든 동물, 벌레, 생물체 들이 우리가 인식하는 대로 순수 '자연'으로 남겨질 수 없음을 알려준다. 동물은 스스로 생산자가 되거나 죽은 생물의 잔해를 이용해 자신의 거주 환경을 '가공'해 내고, 동족과 함께 일정한 사회생태를 조성하기 때문이다. 동물도 고도의 기술을 통해 사물과 환경을 생산하며(가령 비버가 만드는 정교한 댐과 프레리도그의 거대한 지하도시를 생각해 보라),[3] 자신들이 생산한 그 사물들의 세계 안에서 생명 활동을 영위한다.

그런 점에서 지구 위에 순수 자연적인 것은 없다고도 할 수 있다. 모든 것은 어떤 의미에서든 저마다 고유한 목표를 구성하고 그것들을 자신들의 행위역량에 따라 배열, 유지, 발명, 혼합한 결과물이기 때문이다.[4] 결국 지구는 동일한 하나의 전체로 환원될 수 없으며, 설혹 지구가 숙명적으로 위치지어진 생명의 거주 조건이라 할지라도, 모든 개체는 그러한 숙명으로부터 빠져나와 자신의 거주지를 사방으로 확장하고, 주변 환경을 뒤틀며, 다른 생명체들과 뒤섞이고, 기존의 환경에 자신들의

---

[3] 동물들의 정교하고 거대한 건축술에 대해서는, 완다 쉽맨, 문명식 옮김, 『동물들의 집짓기』, 지호, 2003을 보라.
[4] "지구란 무엇인가? 우린 그것이 존속과 생성의 염려를 지닌 모든 자들의 연결, 연합, 중첩, 결합이라고 말할 수 있다." 브뤼노 라투르, 앞의 책, 41쪽.

제작물을 중첩시키는 과정을 거치면서 스스로를 변형한다. 이러한 자기 변형의 과정은 모든 존재의 '특이화(singularisation)'(라투르는 이것을 존재의 '고유명사화'라고 지칭한다)가 이뤄지는 배경이다. 그렇다면 지구의 위기, 지구 안에서의 위기는 지구 안의 모든 존재의 연합 및 상호 결합의 위기로 인식되어야 하며, 그 문제의 해결 역시 지구생활자 일반의 관점에서 다뤄져야 한다는 것이 라투르의 생각이다. 생명의 거주 조건 그 자체가 위기에 빠진 오늘날의 상황은 어떠한 예외도 없이 지구생활자 일반의 재-변신을 강제한다. 즉 모든 존재는 기후재난과 생물 멸종으로 특징지어지는 총체적인 생명위기에 대응하기 위해 특이한 자신의 신체를 지구 내에서 공존 가능한 신체로 '재특이화(resingularisation)'해야 한다. 지구가 뜨거워지고 빙하가 녹으면서 먹이의 부족과 함께 자신이 서 있을 장소를 잃게 된 북극곰은 자신의 새하얀 털이 적응하기 힘든 낯선 지역으로 이동해야 한다. 열대 지방에서 발견되던 어종들이 이제 행동반경을 제주도 해안까지 확장해 새로운 거주지를 만들어내고 있으며, 이는 제주도민들이 그동안 경험하지 못했던 새로운 생태계로 들어가고 있음을 말해 준다. 제주의 고유성을 형성하던 풍경에 이제 열대 지방에서만 볼 수 있었던 톱날꽃게, 푸른날개팔색조, 그물코돌산호가 포함되어 새로운 제주를 만들어내고 있다. 북극곰이나 아열대 어종들의 사례처럼 이질적이고 낯선 존재들과의 공존은 인간의 자유의지의 문제가 아니라 지구생활자 전체가 변신해야만 하는 생명의 조건이 되었다. 우리가 라투르를 참고해 기후위기 시대에 아래로부터의 협치가 필요하다고 주장할 때, 그것은 이처럼 완전히 낯선 비인간 행위자들, 새로운 환경을 만들어내는 특이한 존재들과의 공존을 전제한다. 여러 낯설고 다양한 행위자들의 연결망 속으로 우리 자신이 들어가 공생해야 하는 상황에서 협치는 인간 협치를 넘어서는, 다양한 생명 존재들과의 공생적 협치로 확장되어야 할 것이다.

변신과 지구생활자

지난 팬데믹 경험은 지구라는 공간에 거주하는 이들이 왜 서로 공생적 관계를 맺어야 하는지를 보여주는 역사적 사건이었다. 인간들에 의해 배출된 온실가스는 박쥐의 서식지인 중국 남부의 산림 지대를 뜨겁게 하면서 일정하게 팽창시켰다. 역으로 중국 남부의 산림 지대 벌목은 이런 박쥐의 서식지를 잠식해 들어가면서 코로나19를 탄생시킨 박쥐와의 마주침을 통한 이종 간 감염을 증가시켰다. 이러한 관계를 인지하고 나면, 우리의 모든 행동이 우리 자신을 불편하게 하는 것일지 모른다. 운전할 때, 식사할 때, 누워 있을 때, 책을 읽을 때 등 우리의 모든 일상적 삶이 탄소 배출의 일반적 조건을 형성한다는 점을 떠올리게 하기 때문이다.

이러한 불편함은 코로나19 팬데믹 기간의 격리를 통해 우리의 삶이 근본적으로 변형되는 순간 더욱 심각하게 자각된다. 프란츠 카프카의 소설 『변신』에서, 자고 일어나니 알 수 없는 곤충으로 변신한 주인공 그레고르 잠자처럼 우리 역시 그 기간 큰 '변신'을 겪은 바 있다. 인간에서 벌레가 되어 느끼는 당황스러움만큼 격리 이전과 이후 우리의 삶은 크게 달라졌다. 격리 이전의 삶에서 우리는 우리를 둘러싼 환경과의 관계를 공생적으로 생각할 여지가 없었다. 공생은 생명체 간에 사용하는 단어이므로, 환경은 유기체가 살아가는 공간 정도로만 인식했기 때문일 것이다. 하지만 팬데믹 격리는 우리로 하여금 도시가 하나의 생명체처럼 느껴지는 상황을 경험하게 했다. 한편으로 격리 이전 활발했던 도시는 격리 이후 활력을 잃고 죽은 것처럼 보였지만, 다른 한편으로는 역설적으로 가상공간을 통한 활발한 상호작용이 일어났으며, 격리 이전의 도시에서 느끼지 못했던 도시와의 공생 관계를 격리 이후 우리는 더 절실히 깨달았다. 아주 잠시 동안이기는 하지만 도시의 대기질은 생산의 중단으로 맑아졌고, 각 개인은 무수히 많은 사이버 모임을 체험했다.

물론 인간의 거주지는 도시에 국한되지 않는다. 그렇다면 인간과 공생할 수 있는 환경의 가장자리는 어디까지일까? 인류는 달에 겨우 도착해 본 경험이 있을 뿐, 현재로서는 지구 밖 우주 공간에서 뿌리를 내리고 살지 못한다. 지구는 여전히 환경의 최상위 조건이다. 라투르는 '지구'라는 용어를 통해 단순히 태양계의 세 번째 행성을 가리키는 지구가 아닌 생명체들이 공생하며 살아가는 '대지'를 지시하고자 했다. 그리고 생명체와 환경 간의 공생 관계를 이해하고 받아들이는 '지구' 위 모두를 '지구생활자'로 부르는데, 이는 생물종을 넘어 사물에도 모두 적용되는 생명체들의 일반적 존재 양식이다. 우리가 '변신'을 겪고 함께 관계를 맺고 살아가야 할 존재들이 바로 이 지구생활자들이다.

코로나19 팬데믹 격리로 인해 '변신'이라고 부를 만큼 바뀐 삶은 격리 시작을 분기점으로 세대가 나뉘었다. 그레고르의 가족으로 대표되는 격리 이전 세대와 그레고르로 대표되는 격리 이후의 세대가 그것이다. 이 두 세대는 카프카의 『변신』에서 그랬듯 서로 소통이 불가능해 갈등을 겪는다. 이 갈등은 자기 스스로를 정의 내리는 것(자신의 위치를 한정하는 것)에 대한 차이에서 비롯된 소통의 문제다. 라투르에 따르면 격리 이전 세대는 '근대인'이라 불리는 존재들로 자신을 하나의 개체로 특징지으면서 환경을 전혀 건들지 않은 '자연'으로 개념화하면서 인간과 철저히 분리시켰다. 하지만 격리 이후의 세대는 하나의 개체로 특정지어 말할 수 없는 지구생활자이며, '지구'에 있는 격리된 생활 구역 내에 존재한다. 앞서 말했듯 그들의 생활방식은 흰개미의 존재 양식을 따른다. 흰개미와 흰개미집은 모두 살아 있으며 그 둘은 분리되지 않는다. 게다가 그 둘에 영향을 주는 흙, 산소, 물과 같은 것들 또한 살아 있는 존재다. 서로를 생성하고(라투르의 용어로는 '생발생적'), 마주치면서 서로를 손상시키는('생풍화적') 행위자로 연결망을 이루며 존속하는 것이다. 그래서 존속과 생성을 염려하는 모든 지구생활자는 '지구'에서 연결되고 연합되면서 중첩된다. 또한 모든 지구생활자는 비슷한 방식으로 계속해서 상호작용을 하며 변형되고 발전해 나갔기 때문에 가족적 유사성을 지니게 되었다. 그런 점에서 '지구'는 가족 같은 유사성을 지닌 모든 존재자를 집결하는 집결지가 되며, 행위자들과 그 행위의 결과를 모두 포함하는 구성적 개념으로 이해된다. 우리는 우리 자신을 포함한 삶의 모든 조건을 매 순간 만들어내고(그런 만큼 또한 변경하면서 이전 상황을 파괴하고) 그 안에서 지구생활자들의 생존을 한 덩어리로 묶어낸다.

팬데믹 기간 동안 우리는 지금까지는 꽤 무심히 지나쳤던 수많은 노동자들(이들은 보수가 낮고 사회적으로 크게 대접받지 못하는 경우가 많은데, 이들 중에는 이방인이며 때로는 불법체류자로 낙인찍히는 이들이 포함된다), 가령 식당에서 서빙을 담당하는 이들, 배달원들, 수송 업자들, 간호사들, 구급차 호송인들, 간병인들 등을 포함하는 공생자들이 없었다면 우리 자신의 삶을 영위하기가 쉽지 않았을 것이다. 음식을 먹는 일과 같은 가장 단순한 행위의 흐름을 완결하는 것조차도 일상생활의 '계속성을 보장하기' 위한 아주 많은 행위자들의 원조를 필요로 하기 때문이다. 그리고 그 역의 현상도 일어난다. 라투르는 이렇게 말한다. "자기 아이들에게 당장 셈과 읽기를 가르치게 된 부모들의 눈에는 갑자기 교육자들의 노동이 무척 어려운 것으로 비쳤다. 그런가 하면, 양성 간 가사 노동의 분배에 존재했던 큰 불공평이 집집마다 더욱 첨예하게 부각되었다. 나날의 일상은, 그것대로 또다시, 하루하루의 단순한 재생산을 보장하기 위해 전 순간의 노동을 요구했다."[5] 팬데믹의 봉쇄 경험이 우리에게 알려준 것은 이러한 '비가시적 존재의 가시화'나 '불공평의 폭로'와 같은 점들일 것이다.

---

5 브뤼노 라투르, 앞의 책, 58-59쪽.

또한 라투르는 바이러스가 강요한 봉쇄는 우리가 지구온난화와 기후변화를 통해 나타나는 '생태위기'에 대한 예행연습을 강제했다고 말하면서, 이것이 우리가 '코로나19 이전으로 돌아갈 수 없다'는 말의 의미가 될 것이라고 주장한다. 따라서 우리는 더 이상 '근대인'일 수가 없으며, 인간중심주의적으로 확립된 '인류'로 돌아갈 수 없다.[6] "더 이상 옛날식 인류로, 다시 말해 근대인으로 살 수 없다는 건 과연 지나치게 잔인한 일이다. 가장 이상한 사실은, 이 불안을 모두가, 모든 층위에서, 모든 종류의 존재자에 관련해 공유하고 있어서, 예전에 '인류'라는 표현 뒤에 부가했던 것과는 완전히 이질적인, 일종의 새로운 종류의 보편성이 도입될 정도에까지 다다랐다는 점이다."[7] 팬데믹으로 가시화된 이러한 인류의 위기이자, 근대인으로서의 위기는 우리가 볼 수 없었던 것을 보게 하며, 그것을 통해 기존의 우리가 확립했던 무수한 범주들의 기본적 사고틀, 인간/동물, 사회/자연, 생물/무생물 등이 무너질 계기가 될 것이다. 그리고 이 범주에는 국경을 근간으로 한 국가 개념도 포함된다.

---

6 라투르는 근대인이 스스로 만들어낸 바로 그 상황이 인류를 근대인으로 부를 수 없는 조건이 되었다고 밝힌 바 있다. 이에 대해서는 브뤼노 라투르, 홍철기 옮김, 『우리는 결코 근대인이었던 적이 없다』, 갈무리, 2009를 참고하라.
7 브뤼노 라투르, 『나는 어디에 있는가?』, 62쪽.

홀로바이언트와 공생적 협치

라투르는 '지구'를 우리가 공생할 수 있는 환경의 한계로 보았다. 지구생활자는 '지구' 내에서 격리된 공간을 건설하며 존속과 생성의 염려를 지닌 채로 살아가는 존재이므로, 앞으로 격리될 공간의 경계가 명확히 어디인지 아는 것이 가장 중요하다. 그 경계는 임계 영역 위아래의 끝으로, 지표면 위 2-3킬로미터 정도인 위 경계와 지표면 아래로 2-3킬로미터 정도인 아래 경계의 사이 공간을 차지한다. 라투르에 따르면 지구생활자는 존속과 생성의 염려가 가장 큰 관심사이므로, 그것을 가능하게 할 임계 영역의 속성에 대한 이해는 매우 중요하면서 위급한 문제이다. 어떤 노력을 하더라도 지구생활자는 임계 영역을 벗어나서 다른 곳에 거주할 수 없으므로, 이곳은 거주하기 가장 적합한 곳이다. 임계 영역을 벗어나고자 하는 것은 헛된 기대이므로, 우리는 이곳에서 좀 더 오래 지속하는 방법을 익혀야 한다.

'생태위기'의 시대는 우리가 지구생활자로 살아가기를 강요한다. 우리는 존속하기 위해 이 강요에 친숙해져야만 한다. 코로나19 팬데믹에 의한 봉쇄 이후의 삶에서 우리는 지구생활자로 탈바꿈하여 이전 삶의 주체인 근대인처럼 사는 것이 불가능하다. 단순히 존속의 측면에서가 아닌 정치적 입장에서도 그렇다. 우리가 살아가는 국가에도 지구생활자가 적용된다. 국가는 국경에 의해 나누어지고 바로 그 경계짓기가 이루어지고 나서야 비로소 존재할 수 있다. 마치 개체라는 경계가 뚜렷한 근대인들처럼, 과거 국민국가에서는 국경이 뚜렷했다. 국경을 방패 삼아 시민을 보호하며, 내수 물량에 의존해도 국가의 경계가 허물어지는 일 따위는 없었다. 현대 국가에서는 국경을 경계의 중심으로 방패 삼아 시민을 통치하는 것은 동일할 수 있지만, 내수 물량으로 유지할 수 없어서 더 이상 기존의 소비 형태를 유지하는 것이 불가능하다. 선진국일수록 내수 물량으로 국가를 유지할 수 없어 타 국가와 강하게 연결되며, 국경이 연결에 걸림돌이 된다. 특히 코로나19 팬데믹으로 인해 나라 간 봉쇄가 전면화된 당시에, 국경의 흔들림은 확연하게 드러난다. 지구상에서 태양과 물로만 스스로 양분을 공급할 수 있는 생물은 식물이나 박테리아 정도의 무기영양 생물이다. 물론 전체로서의 지구인 가이아도 마찬가지다. 이들은 개별적이며 자율체다. 하나의 국경에 의해 한정되는 과거의 국가와 자율체인 무기영양 생물만이 자기 자신에 대한 독점적 소유권을 가진다고 할 수 있다.

무기영양 생물을 제외한 모든 생물은 종속영양 생물로서

영양을 공급해 주는 생물이 없으면 살아갈 수 없다. 무기영양 생물로부터 종속영양 생물로 이어지는 생성의 순환을 이뤄내지 않으면 어떤 존재도 생존은 불가능하다. 인간과 같은 고등 생물종조차도 식물의 배출물을 호흡한다. 내수 물량으로만 국가를 유지할 수 없어 타 국가와 연결되는 현대의 국가들과 마찬가지로 종속영양 생물들은 자기 자신에 대한 독점적인 소유권을 갖지 않기 때문에, 그들 스스로가 자신을 개체라고 간주한다고 할지라도 물질적으로는 외부와 차단된 자율체나 독립체일 수가 없다. 그래서 개체보다는 그 윤곽이 모호한 홀로바이온트(holobiont, 공생 생명체)라고 부르는 것이 좋을 것이다. 라투르는 이렇게 말한다.

> 인간의 신체 유지에 필요한 세균의 수가 그 신체를 이루는 세포 수를 몇 자리 이상 넘어선다고 하면, 그때 인간의 신체란 과연 무엇이겠는가? 하나의 몸의 정확한 경계란 이처럼 대단히 불확실한 것이기에 린 마굴리스는 유기체라는 지나치게 축소된 개념을 자신이 홀로바이온트[공생 생명체]라 이름 붙인 것으로 대체하자고 제안했다. 홀로바이온트는 그 윤곽이 구름처럼 모호한 형태를 띤 행위자들의 앙상블로, 여기서 막들은 외부가 그 내부에 속한 것에 제공하는 원조 덕분에 약간

더 오래 지속하고 존속할 수 있게 된다.[8]

탈출하기, 사물과 함께하기

라투르는 영토를 묘사하는 방법을 바로잡으며 영토를 뒤집어서 봐야 한다고 말한다. 이러한 주장은 르네상스 시기에 등장한 광학 장치인 카메라 옵스큐라를 떠올리게 한다. 암실처럼 사용할 수 있는 어두운 방 또는 상자에 작은 구멍을 뚫은 다음 눈을 갖다 대면 반대쪽 벽면에 풍경이 거꾸로 투사된다. 풍경화를 그리는 화가들이 주로 사용한 도구로 벽에 비친 이미지를 따라 그리면 원근법에 대한 고민을 해결할 수 있었다. 라투르는 "영토는 당신이 점유하는 것이 아니라 당신을 정의하는 것"이라며 변신이 뒤집혔다고 지적한다. 그레고르 잠자는 벌레로 변신한 뒤 인간들로부터 소외되었지만, 사실 소외된 것은 그의 부모, 직장 관계자, 하인, 하숙생, 즉 근대적 인간들이다. 그레고르는 벽을 타고 천장에 붙어 기어다닐 수도 있다. 인간들의 구조물은 그레고르의 행동을 제한하지 못한다. 땅의 관점

---

8 같은 책, 74-75쪽.

에서 격리된 것은 인류이다. 코로나19 시대에 격리된 것은 인간뿐이다. 카메라 옵스큐라에서도 보이는 대상의 실체는 상자 바깥에 있다. 상자 안에 빛과 시선이 갇혀지고, 보는 사람은 상자 안에 붙박인다. 라투르는 본격적으로 관람객을 상자에 가둔다. 미술관을 나타내는 화이트 큐브에 관람객을 입장시키는 것이다. 근대 인류는 정면만을 바라보며 고정된 자세로 멈춰 있는 자들이다. 그들은 사물에 대한 환영을 볼 뿐이다. 정면에서만 본다는 것은 그런 것을 의미한다. 근대적인 시선은 삼차원에 속한 사물들을 이차원으로 순화한다. 사물에서 활기를 발견하지 못했기 때문이다. 공생적인 삶의 방식에 대한 사유가 부족한 것 또한 그 원인이다. 근대적 시선 아래에서 사물의 고유한 궤적은 중단되고 그 시선에 붙들려 비틀린다. 근대적 주체는 사물이 아닌 평면으로 된 정경만을 관람한다. 그리고 그 정경은 삼차원으로 착각할 수 있도록 원근법이 동원되었지만, 실은 이차원 공간에서 벌어지는 사건에 불과하다. 근대적 주체가 감상하는 것은 자연 자체가 아니라 자연의 재현이다. 그런 점에서 고정되고 격리되고 갇힌 것은 근대적 주체 자신이다.

라투르는 상자를 벗어나 사물들의 흐름에 합류할 것을 강조한다. '대상'은 그 자체 행위의 역량을 지닌 사물로서 홀로바이온트에 다시 합류하고, '주체'는 자신이 짓눌러 놓은 대상들과 생성의 염려를 나누며 서로의 역동성에 관여한다. 지구생활자는 자신이 의존하는 것과 자신을 위협하는 것이 교차하는 지점에서 생명의 문제를 마주한다. 그 자리에서 자신 때문에 미래로 나아가지 못하는 것들을 발견하며, 자신이 그것과 무리를 짓고 있고 생명을 걸고 있다는 것을 깨닫는다. 함께 어울리는 것, 무수한 이어짐 끝에 나타나는 것들은 활기를 공유한다. 라투르가 보기에 활기 없는 것은 사물이 아니라, 접촉할 수 없고 그래서 단지 사유를 통해서만 그 존재가 확인되는 것에 붙는 이름이다. 철학적 관점에서 라투르는 완전한 바깥을 우주라고 부른다. 우리는 언제나 내부의 가장자리까지 나아갈 뿐이다. 우리가 접속할 수 있는 임계 영역, 생명체의 막, 그것은 지구밖에 없다.

경험된 몸, 지구라는 외피

라투르는 우리가 하나의 동질적인 생물학적 몸을 '가지고 있다'는 착각에서 벗어나야 한다고 말한다. 심장은 언제든 문제를 일으킬 수 있고 그 밖의 장기들도 마찬가지다. 그것들이 자체 메커니즘에 따라 움직이는 한 장기는 우리 것이 아닌 우리와 공생하는 것들이다. 우리는 몸을 가진 것이 아니라 몸에 격리되었을 뿐이다. 언제나 다른 지구생활자와 뒤섞여 있었던 것이지 결코 그 몸을 '소유'한 적이 없었다. 우리가 연장성을 갖는다는 것은 사실 우리와 협력하는 존재들의 다수성이며, 이 무수한 존재들이 경험한 전체 형태가 우리의 몸을 이루었던 것이다. 우리는 지난 몇 년간 팬데믹을 거치며 이처럼 확장되고 연장된 몸을 인식하고 경험했다. 각 개체들의 행위의 역량이 교차하는 지점에서 형성되는 우리 자신의 몸을, 핸드폰과 한 몸을 이루고 마스크가 얼굴에 부착된 상태로 외형적 특성이 결정되는 그러한 몸을 경험했던 것이다. 라투르는 여기서 한 걸음 더 나아가 이렇게 형성되는 우리의 몸을 초월적 시선이 아닌 땅에 발 디딘 무수한 존재들과의 교류 속에서 이해해야 한다고 말한다. 우리는 결국 하늘 위에서 아래를 굽어보던 그 시선을 끌어내리고 다시 땅으로 귀환해 그 땅의 존재들과 마주 보거나 나란히 살을 맞대면서 우리가 위치한 그러한 공생적 구성체로서의 현실을 응시해야 한다. 우리는 초월적 시선 하에서 사물과 생명을 분류하고 구분 지으며 그것을 총괄 지배하는 초월자가 아니라 벌레, 풀, 플라스틱 물병, 마스크, 전자기기를 몸에 붙이고 다니면서 땅에 몸(발)을 붙이고 그 땅과 함께 매 순간 우리를 새롭게 조성하는 공생자이다.

라투르는 인류가 각각의 행성에 갇혀 서로 단절되어 있다고 지적한다. 첫 번째 행성의 이름은 '글로벌화'다. 글로벌화는 단순히 세계로 뻗어나간다는 뜻에 그치지 않는다. 글로벌은 구체를 의미하며, 더 나아가 지구본을 뜻하는 글로브(globe)를 포함한다. 지구본에서 위도와 경도로 이루어진 그리드는 더없이 선명하다. 인공위성의 시점에서 우리는 좌표 위에 있는 픽셀로 축소되기까지 한다. 글로벌화는 우리가 국경을 극복하고 어디에나 머물 수 있을 것처럼 착각하게 한다. 그러나 이방인이 국경을 통과하기 위해 검문을 거치는 과정에서 지구와 표지판이 일치하게 작업해야 하며 확장된 몸은 경계 안으로 구겨진다. 이것은 디지털 세계에서도 마찬가지다. 가상 사설망(VPN), 인터넷 프로토콜(Internet Protocol, IP), 해외 계정 생성 등 국경을 활용하는 방식에서도 출현할 수 있다. 결국 글로벌이라는 공동 지평에서 우리가 함께 겪어내는 것은 가이아라는 보편적 생명계가 아니라 국경과 검문이 차단하고 있는 단절이다. 두 번째 행성은 '퇴장'이다. 라투르는 이 행성에 부를 독점하는 소수가 산다고 말한다. 그들은 지구에 있는 존재들과 공생적인 관계 맺기를 거부하고 공존을 위해 지구 환경을 재구성하는 대신 이 땅을 떠나 다른 환경으로 이주할 능력과 의향을 가진다. 땅의 한계에 대한 이해를 기반으로 땅을 보살피는 대신 피신을 선택할 것이라고 말이다. 세 번째 행성은 '안전'이다. 이들은 나라가 그들을 보호해 주기를 바란다. 국가 안에서 모두가 수평적으로 공존하는 것은 아니다. 그들은 국경 너머에 있는 민족을 찾아 헤맨다. 한국인, 프랑스인, 미국계 중국인, 아프로 아메리칸 등 그들조차 여전히 인종적·민족적 경계 속에서 이해되고 나서야 그들과 제휴를 맺는다. 네 번째 행성에서는 다수의 민족이 근대 이하 수준으로 탈식민화된 삶을 산다. 새로운 문명을 발명하기 전, 잠시 기존의 문명으로부터 후퇴한 상태이다. 라투르는 이 행성이 구식이었지만 팬데믹을 관통해 동시대적인 것의 수준에 이르렀다고 말한다. 우리는 토양 바깥으로 나온 '국민'이 아닌 토착민이 되어야 한다는 것이다. 라투르는 이 네 번째 행성에 이름 붙이는 것을 고민하면서 역설적으로 또 다른 다섯 번째 행성을 구체화한다. 다섯 번째 행성에는 이름을 붙일 필요조차 없을지 모른다. 그것은 여전히 지구이며, 지구생활자들이 거주하는 바로 그 공간을 말하기 때문이다. 민족 개념은 해체되고 근대 국가도 존재하지 않는다. 라투르가 밝혔듯 여기에는 어떠한 정부도 없다. 지구생활자들은 조국 없이 서로의 거주 환경을 기반으로 중첩된다는 것이다.

격리 이전에 인류는 집이 아닌 경제 속에 살았고 코로나19로 잠시 마비되었다가 다시 경제(를 중심으로 한 삶)로 돌아가고 있다. 경제를 토대로 법과 사회, 윤리와 같은 규칙을 쌓아 올린 구조에 머무는 삶 말이다. 라투르는 이것으로는 희망이 없다고 보면서 우리에게 땅을 근간으로 질서를 새로 만들 것을 권유한다. 한때 인류와 그들의 공생자들은 경제에 불시착(당)했지만 이제는 토양에 다시 착륙해야 한다는 것이다. 생활의 지반은 시장이 아니라 우리(인류와 공생자들)의 한계이자 터전인 가이아여야 한다고 말이다. 그에 따라 땅과 땅에 속하는 모든 존재에게 책임을 지는 방식으로 제도를 재편성할 필요가 생긴다. 경제는 늘 수량화된 위계를 생산하고 그 위계의 상층부를 보호하지만, 가이아는 지상에 머무는 존재들을 수평적으로, 그리고 각 존재의 경계를 허물면서 잇는다. 우리는 시장이 아니라 지구에 사는 존재로서 공생적인 관계 맺기에 집중해야 한다. 공생적인 관계 맺기에서 발생한 결과물을 거주 공간으로 삼는, 그래서 흙을 씹고 뱉어서 둥지를 만드는 흰개미의 삶을 만들어내야 한다.

이때 영토를 이해할 때 위에서 아래를 굽어보는 하향식 관점이 아니라, 아래에서 출발해 위를 구성하는 상향식 관점이 필요해진다. 전자는 행정, 후자는 행동생태학에 기반을 둔 처리 방식이다. 하늘(위)로부터 지상(아래)을 굽어보는 방식은 처리 대상을 하나의 유기체로 보고 기관-조직-세포 순으로 분해

한다. 이처럼 행정에 입각한 묘사는 로컬 그리고 글로벌화라는 단어에 힘을 싣는다. 킬로미터 단위에 의존하는 동안 거리는 남고 관계는 잊힌다. 반대로 아래에서 위를 구성하는 관점은 주위에 퍼진 생활 양태를 관찰하고 취합한다. 영토라는 개념은 사라지고 토양이 남는다. 라투르는 지구를 유기체가 아닌 공생체로 이해한다. 하나의 영토에서 지구생활자들이 무엇을 먹고 살고, 왜 이동하고, 얼마나 많은 생물 및 무생물에 의지하며, 때때로 어떤 생존 위험에 직면하는지 파악하자는 것이다. 그런 점에서 지도를 구성하는 기호들은 지구생활자의 삶을 전부 담아내지 못한다. 팬데믹은 기호 바깥으로 범람한 삶과 관련된 문제를 사유하게 한다. 우리는 다른 이들에게 간섭하고 간섭당하며 경계를 침범하고 공동 집단을 형성한다. 하나의 토양에 그에 거주하는 하나의 민족만이 있다고 하지만, 그때의 민족 개념에는 책상, 개, 표지판, 인간, 바이러스가 모두 포함되어야 한다.

행위할 힘을 가진 모든 공생자는 땅을 탐사하며 서로에게 접속한다. 그리고 이방인이 아닌 의존자들과 마주친다. 낯선 존재가 사라진 것이 아니다. 연결망을 통하며 낯설다는 감각이 사라지고 상호 의존하는 흔적을 발견해서다. 자연이 가공된 것, 발명된 것임을 발견한 이후 우리는 땅의 존재들이 거주하는 형태로부터 어떤 둥지를 생성할 것인지 염려한 흔적을 발견했다. 영토는 측량하는 대신 존속을 중심으로 묘사해야 한다. 그리고 묘사는 이해와 해석을 바탕으로 이루어지며 책무를 동반한다. 우리가 새로 방출할 자연, 환경, 둥지에 대한 설계 용어로 기능하기 때문이다.

근대인들은 인간을 신과 자연으로부터 엄격하게 분리하려고 시도했다. 이성과 신체, 사회와 자연, 인간과 동물을 구분하듯 인간을 중심으로 이원론을 끊임없이 만들어내고 인간 행위만을 현실 정치로 여겼다. 지구생활자에게는 비인간의 행위 영역까지 고려한 정치 담론이 필요하다. 라투르는 비인간, 더 나아가 사물에서도 행위역량을 발견하는 사물 정치 다시 말해 사물의 민주주의를 논의한다. 지구생활자가 연결망에서 서로에게 간섭하는 이상 신호등과 같은 사물에도 행위역량이 존재한다는 것이다.

변신, 우리는 누구와 함께하는가

라투르는 우리에게 바깥에 투신하지 말고, 생존이 가능한 임계 영역에 머물라고 조언한다. 내부에서 도달할 수 있는 가장 먼 곳, 즉 안쪽의 가장자리로 후퇴해야 한다는 것이다. 예전과 같은 방식으로 땅을 탈취하거나 점령할 수는 없다. 그것은 가이아와 함께하는 우리 자신의 존속을 중단하는 일이다. 기후 위기가 이를 증명한다. 홀로바이온트는 상호 관계망 속에서 자기 정체성을 정의하고 타자들과 포개어져 있다. 포개짐이 반복되면서 경계는 범람하며, 경계는 더 이상 경계로 기능하지 못하고 그러한 경계의 근거 자체가 의심된다. 라투르는 자신에게 보호를 제공하며 자신을 시민으로 규정하는 세계, 홀로바이온트 안에서 공생적 관계를 맺어야만 살 수 있는 세계 사이에서 길을 헤맨다. 민족과 국가의 경계를 확장하며 진정 자신의 나라가 어디인지, 자신이 속한 땅이 어디인지 알 수 없다고 말한다. 우리는 어디에 있는가? 언제나 지구에 있었다.

지구를 벗어나 화성에서 새 삶을 살 수 있을까? 라투르는 몸에 반대되는 말이 죽음인 것처럼, 가이아의 반대편에는 화성이 있다고 말한다. 어쩌면 일론 머스크는 화성으로 이주할 수도 있다. 그러나 우리 대다수는 남겨지는 자들이다. 가이아에 격리되고, 가이아에 속한다. 우리는 지구를 떠날 것처럼 살아서는 안 된다. 떠날 수 없기 때문이다. 내부에서 탈출하여 도달할 수 있는 바깥, 낙원, 소수를 위한 벙커는 불가능한 목적지다. 우리는 지구를 박차고 나갈 수 없으며 지구를 수선해서 새로운 둥지를 만들어야 한다. 우리는 한때 지구의 수명에 임계점이 없는 것처럼 우리의 존재 조건을 적출하며 살았다. 팬데믹으로 인한 격리 체험을 통해 우리가 선택해야 하는 행성은 언제나 지구라는 외피를 입고 있을 것임이 명확해졌다. 놀라운 점은 산업 자체가 지구에 등을 돌리는 행위가 아니라는 것이다. 그것은 우리에게 주어진 발명의 능력이다. 다만 우리가 토양에 머무는 것이 아니라 토양 바깥에 나가는 방향으로 산업을 전개하면서 가이아는 자기 조절 능력을 서서히 잃어 버렸다. 우리는 지금 이곳에서 새로운 자연을 방출해야 한다. 지상을 벗어나기 위해 출구를 향해 전진하는 대신 현 위치를 충분히 탐사하고 둥지를 세우기 위해 동원해야 하는 재료를 파악하는 과정에서 사방으로 흩어져야 한다.

팬데믹이 종료된 이 순간에도 우리는 수십 수백 종의 바이러스와 공생한다. 바이러스에 대한 면역력이 없어서 동물 실험을 통해 백신을 발명하고, 백신을 몸에 주사해서 이전과 다른 몸을 만들었다. 팬데믹은 순수한 인간이 없다는 것을 상기시켰다. 인간은 어떤 형태로든 물질과 결합한 상태이며 연결망을 구성하는 행위자들 가운데 일부이다. 지구생활자로서 자기 환경을 구성할 때 우리가 고려해야 하는 행위역량은 생존이며, 우리는 그러한 역량을 더 좋은 삶, 더 공생적인 삶의 힘으로 발전시켜야 한다. 그레고르 잠자가 그랬듯, 코로나19 당시 우리 역시 방에 갇혔다. 그리고 그 방은 도시에 있다. 도시는 그 자체로 기후위기를 심화하지만, 이 문제를 해결하기 위해 도시를 배격할 수는 없다. 우리가 발을 붙이고 서 있는 곳이 도시인 이상 우리는 도시와 함께 살아가야 하기 때문이다. 무엇보다 도시는 인간 혼자서 가공한 것이 아니다. 사물, 미생물, 인간, 동물 등 도시를 탄생시킨 행위역량은 다양한 지상적 존재로부터 비롯되었다. 우리가 착륙한 공간을 회피하는 대신 도시를 구성하는 내용을 수정해 변신을 시도해야 한다.

펠릭스 가타리의 제도 요법과 구성적 협치

가타리의 제도 요법의 이해

2016년 서울의 한 대안학교에서 흥미로운 시도를 감행한다. 대안학교 학생들이 갑자기 자치 규약을 만들겠다고 나선 것이다. 교사들을 배제하고 외부의 간섭이 전혀 없는 가운데 학생들 스스로 전 과정을 진행하고자 했다. 회의가 열리자 학생들 사이에는 엄청난 열정이 생기고 활력이 돌면서 너도나도 자신이 생각한 자치 규약에 대해서 발언하기 시작한다. 상상력이 가득 찬 그 자리에서 교사들은 전혀 발언하거나 참여할 수조차 없었다. 오로지 학생들 사이에서의 자치 규약의 문제였기 때문이다. 그리고 두 달간의 열띤 토론의 시간이 끝나고 드디어 자치 규약이 완성된다. 문제는 거기서부터 시작되었다. 이제 완결되어 버린 자치 규약은 돌연 학생들 자신을 속박하는 의무와 당위가 되어버린 것이다. 순간 활력은 사라지고 지루한 다툼과 갈등이 생긴다. 갑자기 상급생이 하급생에게 규약의 준수를 강요하기도 했다. 학생들은 그때 깨달았다. 자치 규약은 완성태가 아니라, 늘 과정태로서만 있어야 한다는 사실을 말이다. 그것은 '재특이화 과정'만을 필요로 하는 제도의 비밀을 드러낸다.

제도(institution)라는 단어를 들으면 어떤 것이 떠오르나? 법 제도, 행정 제도, 사법 제도, 형벌 제도 등 등골이 오싹할 만한 단어들이 줄줄 나온다. 이처럼 제도라는 개념은 딱딱하게 정체화되고 있고 규범화된 것으로 여겨지기 마련이다. 그런데 펠릭스 가타리는 '제도=관계망'이라고 말한다. 이 구도에 따르면 다음과 같은 사례가 있을 수 있다. 한 집단이 있을 때, 그 집단의 성격과 행동의 규약이 되는 제도의 필요성이 생긴다. 제도가 아예 없는 집단은 없다. 만약 제도가 와해되고 해체된 상태에서는 어떤 식으로 자신의 행동의 마지노선을 삼을지, 어떻게 집단의 범위를 잡을지, 집단이 작동하는 방식이 어떤 것인지를 판단할 수 없다. 여기서 제도는 불변항의 구조와는 다르다. 관계망이 바뀌면 제도도 바뀌기 때문이다. 구조는 그 자체가 본

질에 필적할 정도의 강제력과 구속력을 갖는다. 하지만 집단이나 공동체 내에서는 제도(=관계망)를 벗어났다 하더라도 약간의 지탄이나 눈총을 받겠지만, 큰 강제와 후과는 없다. 이를테면 노인이 무단횡단을 했다고 해서 법적 처벌이나 강제 조항이 떠오르지는 않으며, 오히려 걱정스러운 느낌까지 든다. 이것이 바로 관계망으로서의 제도의 한 모습이다. 제도는 관계 이상의 문제가 아닌 것이다. 그런 점에서 펠릭스 가타리의 '제도=관계망'의 구도에 따라 법 제도만 하더라도 아래로부터의 제헌적인 과정을 거쳐 늘 구성 중인 것으로 판단할 여지가 생긴다. 그러나 말이 쉽지, 현실에서의 법 제도는 구조로서 미리 주어지고 불변항처럼 다루어지는 것도 사실이다. 그런 점에서 제도 얘기만 나오면 벌써부터 후다닥 책장을 넘겨버리는 것도 다 이유가 있다.

철학자이자 정신분석가이며, 혁명가이자 심리치료사인 펠릭스 가타리(Pierre-Félix Guattari)는 제도 요법이라는 독특한 심리치료 방법을 창안했다. 그가 보기에 제도는 구조에 가까운 것이 아니라, 관계망에 가까운 것이었다. 우리가 심리치료사 가타리 씨를 만나러 라 보르드 병원을 방문했다고 치자. 일단 병원에 들어서면 신발을 벗어야 할지 어떨지를 살핀다. 이는 제도다. 그리고 상담실 문을 열고 들어설 때 노크를 해야 할지

말지 결정해야 한다. 이 역시 제도이다. 동시에 가타리의 책상 맞은편에 있는 의자에 앉는다. 이 역시 가타리와 상담하기 위한 관계 맺기의 방법인 셈이고, 제도다. 이러한 제도들은 무심결에 이루어지는 것 같지만, 사실은 우리의 관계 방식을 구성하는 기본 원리이다. 불변항의 구조에 따라 가타리를 만났다고 한다면, 갑자기 가타리가 아버지에 필적할 초월적인 권력을 가진 사람으로 느껴질 수도 있다. 그러나 걱정 마시라. 가타리는 구조를 설립하기 위해서가 아니라, 제도를 설립하기 위해서 상담 활동을 해왔기 때문이다. 이렇듯 제도는 관계망을 맺는 여러 가지 행동 속에 녹아들어 있는 무의식적인 기제라고 할 수 있다. 그리고 아무리 정신적으로 어려워도 제도는 늘 따라다닌다. 그러나 그 제도는 늘 이행 중이고 바뀔 수도 있고 구성 과정에 있다. 그래서 제도를 관계망이 도식화되어 나타나는 과정의 산물이라고 할 수 있다.

우리는 이따금 불변항의 어쩔 수 없는 구조가 있고, 이 구조 때문에 무기력 지층에 사로잡힌 개인이 있다는 생각을 갖는 경우도 있다. 이를테면 사회구조에 대해서 열띠게 비판하면서도 대안적인 주체성에 대해서는 살짝만 얘기하거나 아예 누락하는 경우가 그것이다. 이를테면 잘못된 사회구조 때문에 내가 이런 것이라고 원망하면서도, 내가 무엇을 자율적으로 할 수 있는지에 대해서 침묵하는 비판 담론의 방향성도 이런 경우에 해당한다. 그러나 개인으로 아무리 원자화되었다 하더라도 개인의 주변에는 제도가 서식하고 있다. 즉 관계로부터 단절된 개인은 어디에도 없다는 얘기다. 예를 들어 폭염과 열대야에 지친 여름, 기후변화라는 막대한 상황에 무력감을 느끼는 개인이 있다. 기후변화 상황은 폭주 기관차처럼 진행될 것이고, 이미 때는 늦었다고 말하는 사람도 있다. 그러나 제도 생산을 통해서 문제 해결의 단초를 찾으려는 사람도 있다. 자신의 삶의 양식을 바꿀 뿐만 아니라, 사회, 공동체, 집단의 영역에서 제도로서의 관계 방식을 바꾸는 것이 그것이다. 그것은 사물을 대하는 방식일 수도 있고, 공동체와 접속하는 방식일 수도 있다. 이를테면 자전거를 타거나, 채식을 하거나, 물을 절약하는 등의 행동뿐만 아니라, 정부의 기후변화 정책에 개입하고, 탄소세 등을 주장하는 행동도 가능하다.

이를 통해 기후변화와 관련된 거대 프로그램, 거대 계획, 제도 생산이 이루어졌다고 하더라도, 이러한 제도와 관련된 주체성이 원자화된 개인일 경우에 제도와 삶의 간극은 여전히 클 것이며, 개인은 기후변화의 막대한 상황에 무력감을 느낄 수도 있다. 결국 제도가 구조와 같은 완성태나 불변항으로 다시 개인에게 돌아올 것이기 때문이다. 그러나 공동체나 환경 운동 단체, 생활협동조합 등의 관계망과 배치가 있을 경우에는 사정이 다르다. 공공 영역에서의 많은 제도들이 공동체 영역에서의 관계망을 뒷받침하기 위한 도구나 연장으로 보이게 될 것이기 때문이다. 즉, 기후변화에 대응하는 관계망의 도식화 작용이나 규칙, 행동 양식으로 제도를 받아들일 것이기 때문이다. 그런 점에서 물신화된 제도로서의 구조라는 함정을 피하는 방법은 관계망으로서의 제도에 기반하고 있을 때라야 가능하다고 할 수 있다.

다시 우리는 모 대안학교의 자치 규약 제정 과정으로 돌아가서 생각해 볼 필요가 있다. 자치 규약은 늘 제정 과정 중에 있어야 한다. 완성되어서는 안 되며 늘 구성 과정에 있는 관계망 일부로서 작동해야 한다. 또한 유한하므로 늘 수정·변경되고 이행할 수밖에 없어야 한다. 그랬을 때 우리는 가타리의 제도 요법의 진면모를 이해할 수 있다.

제도 요법의 관점에 선다면 제도를 물신화할 여지는 거의 없게 된다. 제도는 관계망이며, 관계망으로 이루어진 시간의 수평선 위에 그려진 구도이다. 또한 관계 맺기의 방식에 대한 매뉴얼이자 프로토콜이다. 그런 점에서 법 제도, 행정 제도, 사법 제도 등은 지극히 물신적으로 다가오지만, 사실은 끊임없는 제도 생산의 과정에 따라 그려지는 관계망의 지도 그리기일

뿐이다. 그럼에도 불구하고 시간의 수평선에 따라서 과거에 구성된 제도가 현재의 관계망에 개입하는 경우에 제도는 의무와 당위가 되어 우리에게 다시 물신적인 것으로 다가올 수밖에 없다. 그렇다면 늘 구성 과정에 있는 제도, 재특이화 과정에 따르는 제도를 만들어낼 방법은 없을까? 이것이 바로 제도와 관계망을 끊임없이 교섭하고 교직함으로써 하나의 자리에 모아내는 '협치'가 필요한 이유이다. 협치는 '구성된 제도'와 '구성하는 관계망'을 한 자리에 모은다. 그리고 다시 상상력과 활력을 통해서 미래로 향한다. 결국 과거, 현재, 미래는 한 자리에 함께 뒤섞여 발언하고 고개를 끄덕이고 끊임없이 개입한다. 그런 점에서 협치야말로 가타리의 제도 요법에 따라 새롭게 재조명될 여지가 있는 관계망이자 제도인 셈이다.

협치에서의 '제도=관계망'의 이중성

2020년대에 들어서면서 녹색당은 기본소득위원회, 동물권위원회, 성소수자위원회 등 다양한 위원회를 만들어냈다. 그런데 특징적인 것은 이 정당의 태도에 있다. 이 위원회들 자체를 만든 것에서 마치 이미 제도화된 것처럼 간주하는 태도가 살짝 엿보인 것이다. 이 위원회들이 이미 그에 부합하는 관계망을 설립했기 때문에 동시에 제도를 설립하기 위한 절차와 과정만을 남겨놓았을 수도 있겠다는 생각이 들었다. 이러한 상황에서 우리는 현행 법 제도에서 결코 적용될 수 없는 원리를 얘기함에도 불구하고, 마치 관계망이 설립되면 이미 기정사실화되고 제도화된 것 같은 태도를 취하는 것의 비밀은 무엇일까를 탐색하던 중 가타리의 제도 요법을 발견하게 되었다. 여기서 관계망은 생태계의 연결망과 같이 사물-자연-인간-생명이 어우러지는 판의 특징도 갖고 있지만, 너와 나를 연결하면서 사이주체성을 발아하는 연결접속의 의미도 갖는다. 가타리가 말한 제도 요법의 핵심은 '아주 특이한 관계망이 설립된 경우, 따로 입법화 과정을 거치지 않고 이미 제도화된 것으로 간주하는 태도'로 요약할 수 있다. 즉, 제도 창안의 과정 자체를 관계망과 분리하는 것이 아니라, 관계망 자체에 두는 것을 의미한다. 우리 사이에서 어떤 새로운 관계 맺기의 방식이 생길 때 그것은 제도와 분리된 것이 아니다. 이미 그러한 관계 맺기 자체가 제도라 할 수 있다. 그런 점에서 '제도=관계망'의 관점을 도입할 필요가 있다.

공동체 내부에서 작은 실험이 이루어질 때, 그것은 제도 창안과 분리된 것이 아니라 그 자체가 제도 생산 과정과 긴밀한 관련을 맺는다. 가령 기본소득과 관련된 제도화를 위해서, 일단 공동체 자체에서 기본소득에 해당하는 관계망을 만들어내는 것이 우선일 것이다. 이를 통해 만약 목표와 지향점을 기본소득의 제도화에 둔다면, 기본소득이 작동하는 공동체를 설립하는 것이 우선이다. 그런 점에서 대정부 투쟁이나 거리 시위도 중요하겠지만, 직접적으로 관계망을 바꾸어내는 실천이 매우 중요하다. 그랬을 때 진정한 의미의 민주주의 이념은 저기 저편의 유토피아적 제도가 아니라, 공동체 자체에서, 지금-여기-가까이에서, 실현해야 할 관계망 안에서 실질적인 방식으로 작동하게 된다.

관계망이 제도를 만든다는 점에 대해서는 일반 제도주의(=현실주의=점진주의)도 인정할 것이 있지만, 관계망을 의제를 추출할 기본 재료로만 간주하고 의제 선정 과정이 끝나면 사용 기한이 다한 재료나 원료로 취급한다. 의제 선점이 시민 단체의 주요한 업무였던 시절에는 관계망에서 싹트는 다양한 아이디어를 모아 의제화하는 것을 시민 활동가의 임무로 삼았다. 그런데 문제는 관계망에 대한 태도에 있다. 일단 제도로서의 의제를 만들 재료로만 간주되는 관계망은 자칫 제도와 분리되어 잡다하고 일관성 없는 소재로만 취급되기 때문이다.

그러나 이러한 태도의 문제점은 제도와 관계망은 긴밀히

관련되어 있고, 자신이 제도를 만들 특출한 두뇌를 지니는 것이 아니라 관계망의 성숙과 강렬도가 그것을 가능하게 했다는 점에 있다. 이를테면 무대의 연사가 화려한 연설을 하는 데에는 그 연사의 재주뿐 아니라, 연단 아래에 있는 대중들의 강렬도와 집중도, 추임새 등도 한몫한다. 이 점에서 아무리 특이하고 기발한 제도라 하더라도 그 공동체가 가진 집단적 요구와 사회적 배치가 만들어낸 결과물이라는 추론이 가능하다. 그런 점에서 관계망이 창발한 제도를 제도에 대한 특출한 아이디어를 지닌 전문가의 재능으로 여기는 것에는 심각한 문제가 있다. 결국 제도주의 이론의 문제점은 '제도=관계망'이라는 점을 인정하느냐, 인정하지 않느냐의 문제로 귀결된다.

전문가주의에 입각한 제도화의 과정은 다극적이고 다의미적인 다차원적 관계망의 일부를 전문가들이 모델화하고 의미화하여 제도를 추출하는 과정을 의미한다. 이처럼 '의미화=모델화=표상화'의 능력을 가진 전문가들이 제도에 미친 영향이 막대한 때가 있었다. 전문가들의 제도 생산 과정은 '무의식의 의식화' 과정으로 이루어져 있다. 의식적 모델이 무의식의 심층에 있는 관계망을 포섭함으로써, 분명한 의미와 기능, 역할을 부여하는 것이 그것이다. 무의식의 의식화 과정은 '관계망 → 제도'로의 과정을 의미하는 것이기도 하다. 다시 말해 무의식의 양상으로 실존하는 관계망에서 전문가의 의식적인 모델화 과정이 제도를 추출하는 것이다. 이 과정에서만 보면 의식은 굉장히 우월하고 상위에 있는 것처럼 보인다. 전문가들이 화려하고 세련되게 제도화를 하기 때문이다.

그러나 관계망의 입장에서 의식적인 제도는 생활과 삶의 영역, 즉 무의식 속으로 파고들 때 진정한 의미를 갖는다. 즉 제도가 반복, 순환, 중복, 함입, 재진입 등의 습관의 양상으로 이루어진 생활양식 자체에 영향을 줄 때만 의미가 있기 때문이다. 그런 점에서 관계망을 중심에 두는 제도는 '의식의 무의식화' 과정으로 향할 때 의미가 있다. 전문가들의 의식적인 모델화와 의미화 작업도 중요하지만, 사실상 제도 자체가 의식을 절약하는 무의식으로 삶에 파고들 때 유효할 수 있다. 의식의 무의식화 과정은 '제도 → 관계망'으로의 과정을 의미하는 것이기도 하다. 그런 점에서 협치가 작동하는 현실은 '의식의 무의식화와 무의식의 의식화의 교섭'이 이루어짐을 의미한다. 즉 제도와 관계망이 따로 상향, 하향의 과정을 거치는 것이 아니라, 즉각적으로 의식에서 무의식으로 향하여 삶이 욕망 안으로 스며들게 하며, 무의식의 의식화를 수행했던 전문가들의 작업이 협치의 현실 속에 반영되는 방식으로 함께 의식적 차원과 무의식적 차원을 교직하게 하는 것이다.

어떤 점에서는 제도가 '의미화'를 지향한다면, 관계망은 '지도화'를 향해 나아간다. 제도는 입구와 출구, 원인과 결과, 문제 제기와 대답이 일치하는 지점에서 형성된다는 점에서 의미화의 방법론을 따른다. 반면 관계망은 입구와 출구의 분열, 문제 제기와 대답의 분열 속에 위치한다. 이에 따라 지도 그리기를 통해서 관계망이 드러날 수밖에 없다. 이를테면 학생 인권에 대해서 논의할 때 의미화의 방향에서는 학생의 권리에 주목하겠지만, 지도화의 방향에서는 학생의 자율성에 주목할 것이다. 이에 따라 의미화의 방향을 취했을 때 나타나는 권리주의적 시각에서는 학생이 천부적으로 가진 자율성이나 인권으로서 명시된 권리 등을 따지겠지만, 지도화의 방향으로 나아가는 자율주의적 시각에서는 오히려 학생이 좋아하는 아이돌 스타에 대한 논의나, 두발, 복장 등이 유행에 따라 어떻게 변할 수 있는지에 대한 논의로 향할 수 있다. 그런 점에서 제도와 관계망이 교직하고 교섭하는 협치의 과정은 사실상 '제도의 의미화'와 '관계망의 지도화'가 만나는 지점일 수 있다. 물론 우리 삶의 과정은 지도화에 따라 여러 의미와 여러 모델을 끊임없이 횡단하고 이행한다. 이에 따라 구성적 협치의 과정은 "~은 ~이다"라고 정확하게 의미화하는 것이 아니라, "~이거나 ~이거나"로 끊임없이 연결접속되는 과정 자체를 그려나가는 과정이라고 할 수 있다. 관계망의 기반 위에서 생산되는 여러 의미들과 모델들의 지도 그리기를 해야 하는 것(=메타 모델화)이 구성적 협치의 과정이다.

여기서 구성적 협치의 임무는 지도 제작 과정에서 선택할 경우의 수를 늘리는 것을 목표로 삼아야 할 것이다. 이를 통해서 다양한 주체성이 한자리에 모여 앉아 다양한 경우의 수를 상상하고 고려하는 것뿐만 아니라, 협치의 과정 자체를 '차이를 낳는 차이'의 과정으로 만들어내는 것이 중요하다. 즉 협치의 배치와 자리 자체를 색다른 이차적 특이점으로서의 제도를 생산하는 판으로 만드는 것이 중요한 점이다. 그렇게 되기 위해서 협치의 자리는 상상력과 아이디어, 영감 등이 넘치는 공동체적인 자리로 설계될 필요가 있다. 가령 친밀하고 유대적인 관계, 자연스러운 분위기, 위계가 없는 솔직한 대화, 무슨 얘기가 나와도 유머와 해학으로 여길 만한 느낌 등을 통해서 차이를 낳은 차이로서의 지도 그리기를 충분히 할 수 있는 여지를 주어야 한다. 위원, 임원 등의 부여된 직함이 중요한 것이 아니라, 솔직하고 진술한 이야기가 풍부하고 다양하게 전개될 수 있어야 한다는 점이 중요하다. 그런 점에서 제도와 관계망의 교호 작용이 이루어지는 협치는 제도적 위상보다 관계망의 위상이 더 강조되어야 하며, 그 자체가 공동체적 배치를 형성하여 지도 그리기를 수행할 수 있도록 만드는 것, 즉 구성적 임무를 일차적인 것으로 한다. 모든 협치는 구성적 협치로 전진 배치되어야 한다.

구조, 기계, 배치, 제도의 교차 지점

사회를 말할 때면 사회구조에 대한 개념이 먼저 회자되고는 한다. 사회구조에 대한 담론은 상당히 날카로운 면이 있어서 일단 이를 접한 사람은 대부분 긍정하게 되지만 곧 이내 무기력함에 빠져들고는 한다. "이 사회는 이런 것이고, 이것은 고정불변의 구조다"라는 방식의 논의가 그것이다. 구조는 '계열적 유사성을 보이는 불변항'이기에, 아무리 내가 열심히 노력해도 변하지 않을 것이라는 생각에 빠지거나, 송두리째 변화시키지 않으면 아무런 소용이 없다는 생각을 갖게 하기 때문이다. 물론 사회구조에 기반한 전문가들의 화려하고 세련된 모델화 방식에 혹할 수 있는 여지는 매우 많다. 더욱 문제가 되는 것은 이러한 사회구조에 대한 논의가 미리 결정된 모델에 따라 이루어진다는 점에 있다. 그러한 결정 구조에서는, 구조라는 큰 틀과 거시적인 시스템이 안정감을 주기라도 하는 듯 우리를 현혹할지는 몰라도, 변화무쌍한 우리 삶의 관점에서 보면 유용하지도 않을 뿐만 아니라, 새로운 문제 상황에 천편일률적인 응답만 줄 뿐이다. 이러한 무차별 사회는 결국 원자화된 개인과 한 쌍을 이루는 개념인 것만은 분명하다. 결국 그런 관점에서는 사회는 미리 주어져 있는 전제 조건이며 무차별성으로 인해 진정한 실존적 관계와는 거리가 멀어지게 된다. 그러나 우리가 구성적 협치를 말하는 이유 중 하나는 바로 무차별 사회의 기능 정지 때문임을 직시할 필요가 있다. 혹자가 생각하듯이 사회가 미리 주어진 전제 조건도 아니고, 관계 없이도 작동하는 자동적인 것도 아니라는 증거는 도처에서 드러나고 있다. 이제 사회의 재건과 구성은 무차별 사회에서 간(間)공동체 사회로의 이행에 달려 있다. 즉, 관계의 실질적인 면을 갖고 있는 사회만이 유효하며, 이것이 결정적인 위기 상황에서 작동할 수 있는 사회의 양상인 셈이다. 이제 간공동체 사회에서의 공동체도 이미 실존적 관계를 형성하기에 너무 크다고 말하며, 2-10명 단위의 결사체인 모듈(module)이나 느슨한 네트워크인 컨비비움(convivium)을 주장하는 단계에 이르렀다. 그 정도로 기존의 패턴화된 모델을 적용하는 것에는 현실적인 사회적 관계가 지닌 탄력성을 이해하지 못하는 무력함이 숨어 있다.

사회구조로부터 우리가 출발했지만 사실 저기 저편의 사회

구조 변화를 기다리기보다는 우리의 삶이 직면한 지금-여기의 삶의 변화로부터 시작해야 할 것은 분명하다. 사회구조에 대한 논의는 주체성을 약화시키고, 연약하고 해체되는 주체성 양상으로 수렴된다.[9] 한꺼번에 변화할 여지, 즉 혁명의 순간을 막연히 기다리며 그 이전까지는 해체된 주체성으로 머무는 것이 그것이다. 그러나 사회구조라는 큰 틀과 거시적인 시스템을 사고하기 이전에 우리의 삶은 어떠한가를 생각할 시점이다. 우리의 삶은 생명, 생태, 생활의 반복 속에서 작동하고 있다. 사회구조는 작은 기계 부품의 반복이 서로 연결된 관계망일 수밖에 없다. 이처럼 작은 기계(=일정한 궤도를 그리지만 미세하게 차이를 보이는 반복되는 패턴)들이 서로 연결되어 기능 연관된 상태를 우리는 네트워크 사회라고 말한다. 네트워크 사회는 초연결 사회이며, 굉장히 작은 변화에도 민감하게 설계된 유연한 시스템이

---

9 가타리는 이렇게 주장한다. "구조주의가 성행하던 때에 주체는 그 자신의 다양하고 이질적인 표현 소재에서 방법적으로 배제되어 있었다. (……) 주체성은 더 이상 공기나 물처럼 자연적으로 주어지는 것이 아니다. 어떻게 주체성을 생산하고 포획하고 풍부화하고, 이제 돌연변이적인 가치 세계와 양립할 수 있는 방식으로 끊임없이 재발명해 가는가? 주체성의 해방, 즉 주체성의 재특이화를 위해서 어떻게 해야 하는가? 정신분석, 제도분석, 영화, 문학, 시, 새로운 교육법, 도시 계획과 건축——이 모든 분과가 윤곽을 드러내는 야만주의, 정신적 내부 파열, 카오스모제적 경련의 시련을 막고, 그것을 풍요롭고 보다 큰 즐거움으로, 그리고 그 모든 것이 지닌 아주 좋은 감촉을 느낄 수 있는 희망으로 변화시키기 위해서 자신들의 창조성을 결합시켜야 할 것이다." 펠릭스 가타리, 윤수종 옮김, 『카오스모제』, 동문선, 2003, 172-175쪽.

다. 그렇기 때문에 작은 기계 부품 단위에서 색다른 반복이 이루어질 때 전체 네트워크에서는 심원한 변화, 즉 돌이킬 수 없는 변화가 감지될 수밖에 없다. 그것은 네트워크 혁명, 한 톨의 도토리가 만든 떡갈나무 혁명이라는 생태 혁명 개념으로도 설명한다.[10]

이 작은 반복의 단위를 기계라고 한다. 그런데 기계에는 두 가지 갈림길이 있다. 하나는 감옥, 병원, 군대, 시설 등에서 이루어지는 동일성의 반복, 즉 반복강박이 그것이다. 그것을 펠릭스 가타리는 '기계학적 기계(mechanics)'라 규정한다. 사실 동일성의 반복은 심원한 철학적 토대를 갖고 있다. 결여와 부재에 대한 욕구가 만들어내는 죽음에 대한 두려움이 동일성의 반복을 만든다는 지크문트 프로이트와 자크 라캉의 생각이 그것이다. 이에 반해 생명, 생태, 생활, 우주, 사물, 집단, 공동체에서 보여지는 차이 나는 반복의 양상이 있다. 이를 가타리는 '기계론적 기계(machines)'라고 규정한다. 차이 나는 반복은 들뢰즈의 『차이와 반복』[11]에서 창조와 생성에 입각해 자신이 유한하다는 것을 긍정하면서 동시에 삶을 긍정하는 것으로 심원하게 의미화되었다. 이는 생명 활동의 재귀적이고 순환적인 중

---

10 이에 대해서는 신승철, 『떡갈나무 혁명을 꿈꾸다』, 한살림, 2022를 보라.
11 질 들뢰즈, 김상환 옮김, 『차이와 반복』, 민음사, 2004.

복, 함입, 재진입에 따라 반복되면서도 동시에 생명 활동 자체가 수많은 다른 이야기 구조를 갖게 된다는 점을 보여주고 있다. 구성적 협치에서의 제도와 관계망의 만남은 이러한 두 가지 기계 양상의 교직이라는 상상력에 따라 사유될 여지도 풍부하다. 물론 제도보다 기계가 더 설명 범위가 넓은 개념인 것만은 사실이다. 그러나 여러 가지 심급에서 논의할 때 제도를 풍부하게 사유할 여지가 생긴다는 점에서 구조, 기계, 배치 등의 수준에서 제도가 논의될 필요성이 엿보인다.

들뢰즈·가타리에 따르면 기계의 설립은 사랑, 욕망, 정동의 자기 원인에 따라 이루어진다. 즉 자신이 원하고 욕망하는 일이라면 반복할 것이기 때문이다. 여기서 작은 기계 부품은 연결되고, 기능 연관되고, 접속하면서 일정한 배치(agencement)를 만들어낸다. 배치는 찢어질 수도 망가질 수도 있는 유한한 관계망이며, 네트워크, 생태계, 공동체가 여기에 해당한다. 그것은 인간, 사물, 생명, 미생물, 우주, 자연이 어우러진 하나의 판과 구도로 그려진 관계망이다. 배치는 위상, 자리, 행렬, 배열 장치, 동적 편성, 위치 등과 같은 유사어를 품고 있다. 사회구조에 대한 논의에서는 어떤 불변항의 구조에 협착되어 쩔쩔매는 연약한 주체성을 적시한다면, 배치라는 개념의 구도에는 '배치의 재배치'를 통해서 자신의 문제를 자율적으로 해결하려는 강건한 주체성의 상이 내재해 있다. 현재의 사회가 여러 배치들이 어우러진 간공동체 사회이자, 메타 네트워크 사회로 이행해 있기에, 구성적 협치의 과정은 배치를 설립하거나, 배치를 재배치하거나, 사회구조의 경화된 틀을 배치로 유연화하는 등의 실천 양상으로 드러날 것이기 때문이다. 그런 점에서 구성적 협치의 과정에서의 담화 과정은, 경성 과학에서의 반증 가능성에 따라 참이냐 거짓이냐를 따지는 진리 모델이 아니라, 보다 연대적이고 유연하며 다양성에 따라 풍부해질 수 있는 상상력, 욕망, 정동에 기반한 담화일 수밖에 없다. 경성 과학의 논리는 전제와 결론을 연결 짓는 연역법과 귀납법의 추론 과정을 통해서 참, 거짓을 따지지만, 공동체적 관계망에서 작동하는 담화의 추론 과정은 가추법(假推法, abduction)에 따라 그 가설이 그럴듯하면 받아들이는 형태를 띤다. 그렇기 때문에 훨씬 풍부한 상상력과 가정, 발상 등이 등장할 가능성이 높아진다. 왜냐하면 그것이 구조가 아닌 배치에 따른 언표 행위이기 때문이다.

여기서 제도는 배치의 일부를 표상하고 의미화하는 기능 단위이자 도식화 작용으로 볼 수도 있지만, 사실은 구조, 기계, 배치 등의 수준 전부를 미분화된 상태로 담고 있다. 따라서 협치에서의 제도 논의 과정에서는 구조의 수준에서의 무차별 사회가 원심력으로 작동할 수도 있고, 배치 수준에서의 간공동체적 사회가 구심력으로 작동할 수도 있다. 구성적 협치의 과정은 기계, 배치, 구조, 제도 등의 다차원적 맥락을 신중하게 살피는 미시정치의 장일 수밖에 없다.

협치 과정에서의 제도의 유한성(=자율성)과 자동성의 딜레마

가타리에 따르면 제도는 관계망이며, 또한 관계망에서 서식하기 때문에 유한하다. 이를테면 극장에서 애국가를 함께 부르던 시절의 제도와 애국가가 더 이상 나오지 않는 현재 극장의 제도는 시간의 선에 따라 달라진 제도의 양상이다. 만약 아마도 다시 애국가를 부르자고 하면 그를 국가주의 사상에 물들어 있는 사람으로 볼 것이다. 제도의 유한성은 결국 불변항으로서의 구조를 무력화하는 방식으로 나타난다. 기성 제도에 대한 향수와 낭만은 사실상 불변항으로서의 구조, 즉 국가의 일괴암(一塊岩)적 구조를 추구하는 태도로 나타날 수밖에 없다. 그러나 제도는 이제 구성적 협치의 과정에서 유연하고 위치 설정이 가능한 배치로 나타난다. 이에 따라 구성적 협치의 과정에서는 "무릇 이래야 한다"라는 의무와 당위가 아니라, 일상의 생활세계와 공통성, 생명 활동 등에 배치를 기반으로 하여 모든 제도를 논의에 부친다. 이에 따라 당위, 의무, 믿음, 책임의 근대적인 책임 주체의 양상이 아니라, 너와 나 사이에서 출현하는 주체성 양상에 따라 제도의 위치 설정이 달라질 수밖에 없다. 견고하고 경직된 구조물과 같은 제도를 생각하는 사람들은 시간의 수평선 위에 그려진 불가역적인 흐름과 차이 나는 반복의 순환 과정이 보여주는 제도의 유한성을 승인하기 어려울 것이다. 그러나 세상에 불변하는 것은 단 하나 '모든 것은 변한다'는 명제일 수밖에 없다.

사실 불변항의 구조물로서의 제도를 사고하는 사람들의 또 하나의 특징이 바로 자동주의이다. 자동주의는 관료주의와 동의어이다. 관료제 지층에 따라 모든 제도가 설립된다면 우리 삶의 문제 제기와 일상을 살아가는 욕망과 무관한 효율성과 합리주의라는 괴물이 등장할 것이다. 프란츠 카프카의 『성』에서 주인공 K가 직면한 상황은 바로 관료주의=자동주의=합리주의에 마주친 실존의 상황을 의미한다. 자신이 살아가고 있는 생활세계와 전혀 다른 제도가 설립된다는 것은 소외와 물신주의를 만들어낼 것이다. 이에 더불어 그것이 스스로 살아 자동적으로 움직이게끔 설정되어 있다면, 그것의 불합리성은 더욱 증폭될 수밖에 없다. 이 모든 양상은 바로 제도의 유한성의 좌표를 인정하지 않는 관료제 지층의 문제에 있다. 마치 버튼 하나만 누르면 자동적으로 밥이 되고 술이 되고 빵이 되는 가전제품처럼 사회의 제도가 작동할 수는 없다. 오히려 관료주의의 기능 정지 양상은 더욱 심각해지고 있고, 삶과 접촉 경계면을 유지하지 않는다면 일상과 시민의 삶과 괴리된 제도가 생산될 여지는 더욱 커지고 있다.

이런 점에서 구성적 협치는 제도가 유한할 수밖에 없다는 한계를 인식하면서 모든 제도를 삶과 관계망의 연장선에서 구성하려는 노력을 요구한다. 보는 이에 따라 구성적 협치의 과정이 술자리에서처럼 시시콜콜한 것을 논의에 부쳐서 재미를 추구하는 것처럼 보일 수도 있다. 그러나 진지하고 경직된 관료제와 달리, 구성적 협치는 부드럽고 유연한 양상, 그러나 삶에 기반해 있기 때문에 더욱 잡담이나 이야기 마당, 아이디어 회의와 같은 양상을 띨 수밖에 없다. 제도의 무게에 억압되고 경직될 필요가 전혀 없기 때문이다. 어떤 역사가 지금 이 순간에 탄생한다는 거대 서사를 띤 무거운 이야기가 아니라, 자신의 삶과 관계망에 기반하여 제도를 논의하는 장이 바로 구성적 협치이기 때문이다.

구성적 협치의 과정에서 제도 생산, 제도 창안 등이 중요하면서도, 다른 한편에서 이미 생산된 제도에 대한 자동성의 태도를 취하는 관료주의와의 내적 갈등이 빈번히 나타날 수도 있다. 기존 제도를 불변항으로 보려는 것은 늘 자동성과 관성에 따라 보수적으로 현행 제도를 유지하려는 입장을 보일 수밖에 없다. 물론 신자유주의가 휩쓸고 간 이후, 관료제는 더 이상 작동하지 않는다는 사람도 있을 수 있다. 그러나 지금의 관료제는 더욱 미세하게 바뀌어서 우리 내면에 파고들어 모든 삶의 영역을 자동주의에 따라 설계하려는 방향으로 나아가고 있는 것도 사실이다. 물론 규제주의를 제도주의와 동일시하면서 제도를 적대시하는 사유 방식에서는 '제도=관계망'이라는 사유가 등장할 여지가 없다. 결국 제도를 뺄셈해서 자본과 시장의 무한 자유를 보증하려는 조치들이 등장하고는 하지만, 그 역시 생태계 위기 상황에서는 국가와 시장, 공동체 등의 기능 정지를 유발하는 결과를 낳을 수밖에 없다.

구성적 협치는 이러한 제도의 유한성을 분명히 하면서도 제도 생산을 통해서 끊임없이 색다른 관계망이 설립되도록 촉매하는 역할을 한다. 오히려 관계망(=제도) 없는 무한한 자유를 누리는 개인이나 시장, 자본에 대한 사유는 현재의 생태계 위기와 기후변화, 생명위기 상황을 초래했던 사유 방식에 불과하다는 점도 드러난다. 구성적 협치의 과정은 끊임없이 제도를 구상하고 상상하고 생산함으로써, 이미 기능 정지된 무차별 사회가 아닌 간공동체 사회의 재건과 구성의 방향으로 나아간다. 또한 자동적으로 문제가 해결될 것이라는 환상과 불변항의 구조물을 설정하는 낭만주의적인 망상에서 벗어나, 공동체와 공공 영역, 시장 영역이 함께 교직하고 힘을 모으고 합쳐 또한 자율적으로 문제 해결의 능력을 갖추게끔 하는 방향으로 나아간다.

아무리 좋은 제도라 하더라도 관계망으로부터 괴리되면 일단 실효성이 사라진다. 그래서 자동성의 맥락에서 움직이는 것이 아니라 유한성, 즉 자율성의 맥락에서 움직일 필요가 있다. 그렇기 때문에 끊임없이 제도를 구상하고 상상하고 생산하는 구성적 협치의 과정이 없다면, 제도는 유효 기간을 다하고 기능 정지에 빠지게 되는 것이다. 만약 현존 문명이나 현존 라이프스타일을 그저 수리하고 수선해서 그대로 유지할 수 있다고 생각하면 생명위기 시대의 엄혹한 현실은 개선되지 않을 것이다. 영구혁명(=영구적 변혁)의 과정을 통해서 끊임없이 변화를 모색하고 기존 질서를 다시 건설하려는 실험과 노력이 뒤따르지 않는다면 기후위기 속에서 전체 문명사회는 시간이 지날수록 자신들이 유지해 왔던 여러 기반을 상실할 것이다. 그런 점에서 자동성의 신화는 많은 삶의 변화를 요구하는 오늘날의 상황에서는 관료제 지층과 공모했던 지난 시절의 낭만과 향수의 산물에 불과하다. 이러한 뿌리 깊은 고정관념은 구성적 협치의 과정에서는 칸막이 행정이나 행정 편의주의, 제도 보수주의, 자동주의 등의 양상으로 나타나기도 한다. 그러나 우리는 구성적 협치의 과정을 통해서 끊임없는 상상력을 발휘하여 색다른 지도를 그려내야 할 것이다. 새로운 제도 창안과 더불어 관계망과 제도를 이에 교섭시킴으로써, 제도가 갖고 있는 유한성 자체를 초과하는 제도 생산의 영구혁명의 과정으로 향해야 할 것이다. 그런 점에서 협치는 요식 절차가 아니라, 하나의 삶을 재건하기 위한 구성적 실천이 이루어지는 배치와 판의 설립이라고 할 수 있다.

전문가주의 · 생태 개념어 쪽지 ·

가타리는 전문가주의가 오늘날의 시대에 부합하지 않는 역사적 퇴행임을 지적하며, 예술적 창조성을 확장할 수 있는 민주주의를 다음과 같이 긍정한다. "초월적인 지식인──실존주의의 예언가, 상당히 전투적인 시기의 (그람시적인 의미에서) '유기적' 지식인, 그리고 우리에게 좀 더 가까운 '도덕 세대'의 설교자[공산당 지도자]──의 지배를 경험한 뒤에 아마도 우리는 이제 교사, 사회 사업가, 모든 종류의 수백만 기술자의 세계에 스며드는 집단적 지성의 내재성을 측정할 수 있을 것이다. (……) 새로운 사회적 실천처럼 지적이고 예술적인 창조성은 실천의 특이성에 대한 권리와 실천의 특유성을 보존하는 민주주의적 확인을 확보해야 한다." 가타리, 『카오스모제』, 167-168쪽.

협치, 제도 생산에서 관계망 설립으로

일단 구성적 협치의 판이 깔린다면, 그것은 제도 생산의 하나의 단위로 작동할 수도 있지만, 그 자체가 관계망 설립의 시초점이 될 것이다. 인지생물학자 움베르토 마투라나와 프란시스코 바렐라가 말했던 오토포이에시스(autopoeisis)는 자기 생산, 자기 제작, 자기 직조 등으로 불리는데, 이때 행위의 동기와 목적은 바로 자기 자신의 몸체, 구조, 조직을 만들어내는 것을 향한다.[12] 제도 생산이라는 재특이화 과정을 통해서 삶을 재창안하는 절차와 과정뿐만이 아니라, 스스로 관계망과 배치를 설립하여 그 협치의 단위 자체가 하나의 공동체가 되는 것을 의미한다. 따라서 멀리에 있는 제도 설립에 대해 얘기하는 데 머무는 것이 아니라, 지금-여기-가까이에 있는 구성적 협치의 구성원에 대해 어떤 태도와 자세, 배치로 다가갈 것인가가 관건이라고 할 수 있다.

일단 공적인 역할, 직분, 기능, 위계, 지층, 나이, 학력 등과는 무관하게 비스듬히 횡단하는 관계망의 설립이 가능하다. 견고하게 수직화된 위계와 직분은 최소화하고, 기능과 역할 역시

---

12 오토포이에시스 개념에 대해서는, 움베르토 마투라나·프란시스코 바렐라, 최호영 옮김, 『앎의 나무』, 갈무리, 2007을 참고하라.

도 최소화한 채로, 그 자체가 제도 생산과 구성으로 향할 수 있는, 상상력 넘치는 수평적인 관계망의 설립으로 향해야 한다. 물론 경우에 따라 '제도주의=현실주의=점진주의'의 태도를 취하면서 현실적인 유능함과 능력을 겸비할 필요도 요구된다. 그러나 그것은 오직 관계망 자체가 주는 효과에 따라야 할 뿐, 전문가주의에 따라서는 안 된다. 그렇기 때문에 이러한 배치와 관계망은 기존의 연고, 학력, 나이, 주소, 직업, 결혼 등과 관련된 호구조사에 가까운 대화 양상이 아니라, 자신의 삶과 실존에 기반한 이야기가 중심이 되어야 한다. 이것은 본질로서의 직업이나 직분이 아니라 곁과 가장자리, 주변이라고 치부되었던 삶과 실존이 핵심이 되어 그것을 기반으로 제도 창안에 이르는 것이다.

협치 단위는 제도 생산에 한정되지 않은 실행 단위로서 기능할 필요가 있으며, 그 자체가 배치와 관계망으로서 작동할 잠재성을 갖고 있다. 따라서 현장에서의 협치 단위 자체를 설립하는 것은 공동체적 관계망과 제도가 교섭하는 데 한정되는 것이 아니라, 그 자체가 공동체적 관계망과 배치됨으로써 실행 단위의 면모도 갖는다는 것을 의미한다. 그렇기 때문에 구성적 협치의 단위는 자기 생산이라는 내부 작동을 갖추고 있는 커뮤니티 중 하나의 면모가 있어야 할 것이다. 이를 위해서 실존에 닿아 있는 관계망으로서의 설정이 요구된다. 직분, 역할, 이해관계 등에 기반한 관계가 아니라, 서로의 삶의 이야기 구조에 대해 주목하면서 귀 기울일 수 있는 배치가 요구된다. 제도의 발언 역시 경직된 평가나 회계 담론이 아니라, 그 제도가 갖고 있는 이야기 구조에 대해서 함께 얘기해 보는 방법론이 요구된다. 동시에 합의 절차와 관련해서도 다수결과 같은 공리주의는 철저히 배제하고 전원 합의회와 숙의민주주의 형태에 기초해야 한다. 즉 그 제도가 맞다 틀리다를 의결하는 것이 아니라, 그 제도가 갖고 있는 문제의식에 대한 공유와 그 이야기 구조와 방향성에 대해서 함께 얘기해 보는 것이 필요하다. 구성적 협치가 의결 과정을 최소화하는 것에 대해서 의아하게 생각할 수도 있다. 이는 제도 생산의 과정에서 끊임없이 재특이화 과정을 밟는 것, 즉 그 제도의 문제의식이 갖는 세계의 재창조 요소를 발견하는 과정 자체가 중요하기 때문이다.

구성적 협치의 단위 자체가 하나의 관계망과 배치 자체로 작동하는 것을 '협치 단위의 관계망으로의 전용(轉用)'이라고 한다. 그런 점에서 구성적 협치는 의사결정 일정에 따라 똑딱거리며 자동적으로 진행되는 관료제 양식이 아니라, 하나의 공동체적 관계망과 배치로서 끊임없이 삶과 실존에 대한 민감성과 유연성을 갖추려고 노력해야 할 것이다. 이는 생명위기 시대에 대응하기 위해서는 필사의 몸짓과 엄청난 의지를 가진 책임 주체의 목소리가 아니라, 사랑과 욕망, 정동의 흐름에 따라 유연하고 민감하게 현실에 대응할 수 있는 배치와 관계망에서의 사이주체성이 중요함을 의미한다. 책임 주체가 개체적 존재를 세계를 구성하는 주요 단위로 이해하면서 '바로 너, 바로 그'와 같이 역할과 책임을 특정한 주체로 한정하는 데 비해, 사이주체성은 너와 나 사이, 그와 그녀 사이, 너와 집단 사이, 집단과 집단 사이와 같이 어떤 행위를 해낼 사람을 공동으로 만들어내면서 그들의 연합과 교류 속에서 형성되는 존재 차원을 강조한다. 책임을 개체적 존재로 환원하면 책임 문제가 발생할 때 문제의 원인을 협소화시킬 뿐만 아니라 여러 존재가 넓게 관여된 사안에서는 도리어 책임의 문제를 희석할 여지가 높다. 그런 점에서 생명이 포괄적으로 문제 되는 오늘날과 같은 위기 상황에서 책임을 개인이라는 법적 주체로 환원하면 문제를 정확하게 보지 못하는 것일 뿐만 아니라 책임을 특정 존재로 떠넘기는 문제가 발생한다. 더 나아가 책임 주체를 중심에 두고 문제를 바라보는 관점은 위기를 넘어설 수 있는 구체적이고 실효적인 행위를 해낼 존재를 만들어내는 데 상대적으로 둔감하다는 것도 지적되어야 할 것이다. 사이주체성의 관점이 오늘날 절실히 요구되는 이유는 바로 여기에 있다. 즉 오늘날과 같은 기후위기 및 생명위기의 시대는 개체적 존재에게 책임을 떠넘기기보다는 공동의 관계 맺기 속에서 어떤 문제가 있었는지를 파악하게 하며, 더 나아가 그러한 문제를 함께 넘어서기 위해 적실하고 유효한 행위를 구성할 것을 요구한다. 이런 점에서 구성적 협치가 이루어지는 현장에서 배치의 재배치를 통한 미시정치가 굉장히 중요하다. 경우에 따라 코디네이터와 촉매자가 필요할 수도 있다. 공동체에서는 늘 판 짜는 사람이 있기 마련이기 때문이다.

생명위기 시대를 맞이하여 민관, 즉 공공 영역과 공동체 영역은 그 어느 때보다 전면적으로 협치 단위를 확장하고 촘촘하게 할 필요성이 대두된다. 이에 따라 각각의 협치 단위 자체가 배치와 관계망을 설립하는 효과도 갖게 하는 것이 중요하다. 사실상 구성적 협치의 산물은 바로 자기생산의 과제 역시 갖고 있기 때문이다. 우리는 더듬더듬 발을 딛을 곳을 가늠해 보며 우리 앞에 밀려드는 강물을 건너가고 있는 상황이다. 구성적 협치가 그 일을 해낼 수 있을지, 그 역시도 실험이고 탐색이며 도전일 것이며, 이는 어떤 정해진 닫힌 결말 안에서가 아니라 개방적으로 열린 과정 안에서 자기 생산의 과제를 수행하는 무수한 차이 나는 존재들의 관계 맺기에 희망을 거는 것이다.

협치의 효과에서의 배치와 관계망 변화의 일차성

구성적 협치의 과정은 생명위기 현장에서, 환경 재난과 관련된 현장에서, 각급 협치 단위와 공공 영역의 의사결정 과정에서 생산될 수 있다. 이때 "구성적 협치의 모델은 이거다"라고 적시할 수 없으며, 성공의 모델보다 실패의 과정을 따라서 끊임없이 모델을 바꾸고 이행하고 횡단하는 과정이 중요하다. 그런 점에서 미리 짜인 구성적 협치의 모델은 있을 수 없다. 그것은 "이런 모델일 수도 저런 모델일 수도" 있지만, 상황 논리나 맥락 논리, 배치 논리에 따라 끊임없이 변화할 수밖에 없기 때문이다. 구성적 협치가 거리를 점거하고 발언할 수도 있고, 동시에 테이블에 옹기종기 모여 집담회를 열 수도 있다. 한국 사회는 극단적인 적대와 물리적 폭력을 동반한 저항의 민주주의에서 언어적 소통과 수평적 관계 수립에 기초한 합의의 민주주의로 이행해 있는 상황이다. 그러므로 대부분의 맥락과 배치는 거리에서 나타날 수도 있지만, 합의의 절차와 과정, 배치 등에서도 민감하게 나타날 수 있다. 그러나 이상적 담화 상황을 만들려고 노력하는 동화 같은 설정은 되도록 회피할 필요가 있다. 이 역시 기성의 언어적 규범에 충실한 지식인들의 말 잔치에 불과하기 때문이다. 구성적 협치는 자기 삶의 문제와 실존의 문제를 실존적 관계망에 입각한 생활 속 민주주의에 따라 투여하려고 할 때 갑자기 돌발흔적처럼 나타난다. 그 돌발흔적과 같은 특이점은 구성적 협치가 제도와 관계망의 교호 작용뿐만 아니라, 관계망과 배치를 역동적으로 변화시킬 새로운 합성물을 창출하는 과정의 전거가 된다.

돌발흔적과 같은 특이점은 새로운 경우의 수를 의미한다. 그것은 다른 방향성으로 나아갈 새로운 가능성을 연다는 점에서 섬광처럼 행위와 실천과 담화의 입구를 개방한다. 사람들은 갑자기 실존좌표에 따라 무언의 춤을 추듯 발언하게 되고, 열정적으로 그 입구를 열어젖히고 색다른 삶의 양식을 개발하기도 한다. 절차상으로 보았을 때 그저 의제 설정에 불과했을지도 모르겠지만, 사실은 자신의 삶을 재창안하고 설명할 수 있는 이야기 구조를 발견하는 것일 수도 있다. 자신의 삶을 들여다볼 창문을 개방했을 때 사람들은 똑딱거리는 의사결정구조나 담화의 틀에서 벗어나 갑자기 돌발흔적처럼 끼어들고 간섭하고 말을 끊거나 말을 쉴 새 없이 한다. 구성적 협치는 이러한 색다른 입구의 개방에 대해서 주목해야 할 것이다. 그것이 새로운 선택지 중 하나가 되도록 정돈하고 정리해서 그 문제의식을 정교하게 할 필요가 있기 때문에, 공동의 노력이 요구된다. 작은 헛소리나 말 미끄러짐, 농담, 실수, 날카로운 파열음,

문제 제기에 대한 과도한 톤 등에 대해서도 그것이 혹시 새로운 입구의 개방이 아닌지, 그 문제의식 자체의 맥락과 배치를 살펴야 할 것이다. 이를 통해 끊임없이 새로운 입구를 개방할 수 있는 풍부한 상상력을 생성할 수 있는 수평적 의사결정 구조를 갖는 것이 중요하다.

구성적 협치는 절차, 합의 과정, 전문가들의 숙의 과정 등에 따라 똑딱거리는 의사결정 일정을 소화하는 것이 아니라, 문제 제기가 전혀 새로운 방향으로 바뀌어 나가는 과정에도 주목해야 한다. 즉 입구와 전혀 다른 출구의 개방에 대해서도 민감해져야 한다. 입구와 출구, 문제 제기와 대답, 소재와 정의, 원인과 결과가 딱 맞아떨어지도록 설계된 인과론적인 교육과정을 겪어왔던 사람들에게 전혀 다른 출구가 개방된다는 것은 조금 비합리적이고 이치에 맞지 않는 논점 이탈의 오류라고 여겨질 수도 있다. 그러나 의미화가 아닌 지도화의 방식에 따라서 입구와 출구의 분열이 갖고 있는 색다른 특이점에 대해서도 주목할 필요가 있다. 지도 그리기는 삶과 실존의 양상의 편위와 편차가 만드는 새로운 여정이다. 이에 따라 다른 삶의 맥락과 배치를 갖고 있는 여러 사람들의 구성적 협치 과정에서 전혀 다른 이야기 구조가 만들어지는 것은 차이가 그 관계망을 풍부하고 다양하게 하는 이행의 구성 요소일 수 있다.

그런 점에서 사회자의 역할은 정확하게 말을 끊고 주제에서 이탈하지 않게끔 하는 것이 아니라, 새롭게 만들어지는 입구와 출구를 지도 안에서 갱신시키는 역할로 재설정되어야 할 것이다. 이에 따라 삶과 실존이 만든 지도 그리기에 대한 번역의 임무는, 공공 영역과 공동체 영역이 만났을 때 서로의 언어에 대한 번역의 임무만큼이나 중요하다. 결국 사회자는 입구와 출구의 개방을 촉매하고 번역하는 역할로 재설정되어 색다른 지도 제작자의 임무를 맡아야 한다. 이 역시 의미화가 아닌 지도화의 일관된 방향성에서 이루어져야 할 것이다.

마지막으로 구성적 협치가 만든 배치와 관계망 자체가 경우의 수 중 하나로서의 특이점을 설립하는 과정 역시도 배제할 수 없다. 즉 외부로부터의 경우의 수를 발견하고 개방하고 포괄하는 것도 중요하지만, 내부에서 생성되는 경우의 수로서의 특이점 역시 중요하다. 이렇듯 외재성이 아닌 내재성으로서의 배치와 관계망의 변화에 일차적인 목표를 갖는 것이 구성적 협치라고 할 수 있다. 이는 구성적 협치의 판과 구도가 차이와 다양성의 생태계를 조성하여 이차적인 차이를 생산하는 것, 즉 특이성 생산으로 요약할 수 있다. 이는 기존의 디자이너나 기획자들 사이에서 실험되었던 브레인스토밍을 훨씬 능가하는 상상력과 활력, 생명 에너지의 응집을 필요로 한다. 그저 위생적인 관계망에 따라 와해되고 해체된 개인의 발언이 아니라, 사랑, 욕망, 정동이 유통되는 관계망이 만드는 고도로 자유로우면서도 고도로 조직된 도식화 작용에 따라서 미학적이고 윤리적이고 정교한 제도를 생산할 수 있는 판과 구도여야 할 것이다. 다시 말해 관계망과 제도, 공공 영역과 공동체 영역 간 교섭과 협상의 현장으로서의 협치의 판이 작동하는 것만이 아니라, 그 자체가 배치가 되어 각각의 특이점들을 만들어내고, 그것을 지도 그리기를 하는 과정이 구성적 협치의 과정과 절차여야 할 것이다. 이때 입구에서의 돌발흔적의 발생이나 출구에서의 색다른 상상력, 정동의 흐름 등이 생산되는 것을 암묵적으로 겨냥할 필요가 있다. 여기서 모두 판 짜기를 하는 사람이라는 점에서 선수이지만, 제도 생산에서는 영원한 아마추어임을 서로가 이해하면서, 모색, 탐색, 실험, 도전에 착수해야 할 것이다. 왜냐하면 우리가 직면한 생명위기 시대에는 위기가 장기화되는 만큼 뜻과 지혜, 아이디어를 총동원해 그 위기를 극복할 사람을 그때그때 거듭해서 만들어내야 하기 때문이다.

네그리·하트: 다중의 어셈블리로서의 협치

제국과 그 위기의 대응으로서의 협치

안토니오 네그리(Antonio Negri)의 사상에서 '협치'는 외견상 긍정되기보다는 비판의 대상, 즉 자본의 지배 전략의 현대적 형태로 이해된다. 네그리가 "현재 주권의 유력한 형태는 협치의 법체계 및 제도들에 완전하게 뿌리를 내리고 있으며 그것들에 의해 지탱되고 있다. 이는 법의 지배만이 아니라 소유의 지배 역시도 특징으로 하는 공화제 형태"[13]라고 밝히기 때문이다. 이때 '법과 소유의 지배'에 기초한 공화제로서의 전 지구적

---

13 안토니오 네그리·마이클 하트, 윤영광·정남영 옮김, 『공통체: 자본과 국가 너머의 세상』, 사월의책, 2014, 32쪽.

협치는 제국적 주권의 발전된 양식으로, 이러한 주권 형태는 미국이나 중국과 같은 강력한 개별 주권 국가가 국경을 넘어 일정 지역을 정치적·군사적으로 실효적 통치권을 행사하거나 아니면 그것의 확장된 형태로서 문화적·이데올로기적으로 지배력을 행사하는 제국주의적 주권 형태와 구별된다. '제국'은 한편으로는 사회주의 국가들이 붕괴된 1990년대 이래로 전 세계가 자본주의적 시장 체제로 통합된 질서를, 다른 한편으로는 WTO, IMF, FTA 등과 같이 일국 단위의 국경에 한정되지 않고 모든 국가에 법적·정치적 영향력을 행사하는 초국적 기관들이 상호작용하는 네트워크 체제를 지시한다. 물론 제국이 네트워크로 이루어졌다는 점에서 그 요소들에는 초국적 기관만이 아니라 각각의 국민국가를 비롯해 NGO, 미디어, 초국적 기업 등을 포함하는 무수한 형태의 단체, 기관, 제도, 기업들이 있으며 제국 안에서 이 요소들은 서로 경쟁하거나 협조하는 형태를 띠면서 다양하고 분산적인 연결망을 형성한다. 즉 제국은 전 세계적으로 분산된 각각의 권력 기관들이 위계적인 형태를 유지하면서 네트워크를 구성한 오늘날의 권력 체제이다.[14]

네트워크 체제가 이처럼 지구 안에 존재하는 모든 요소를

---

14 네트워크적 권력 체제로서의 제국을 설명하는 것으로, 안토니오 네그리, 마이클 하트, 『제국』, 윤수종 옮김, 이학사, 2001을 보라.

자신의 지배의 구성 요소로 삼고 있고 그것을 하나의 거대한 메커니즘으로 작동시키는 한, 이 체제에는 늘 위기가 상존하며 실제로도 그러한 위기들이 네트워크 체제의 근간을 뒤흔들어 왔다. 엔론(Enron) 사의 회계 부정이 적발되면서 연이어 발생한 금융기관 및 보험 회사들의 연쇄 파산, 주택 융자금의 채무 불이행과 중산층의 몰락 등으로 나타난 2007-2008년의 서브프라임 모기지 사태(경제적 위기), 9·11 테러, 이라크 전쟁, 각국의 파병과 미군의 이라크인들에 대한 고문 등에 반대하는 전 지구적 반전 시위 및 아프가니스탄에서의 미군 철수(군사적·이데올로기적 위기), 2011년 쓰나미에 뒤이은 일본의 후쿠시마 핵발전소 폭발과 현재까지도 문제가 되는 사후 처리 문제, 그에 따른 해양 오염과 국가 간 갈등(에너지 위기와 환경 위기), 2010년대 이후의 무수한 전 지구적 시위들, 가령 아랍의 봄, 인디그나도스(정부의 긴축 정책에 반대하고 우파의 이민자 공격에 항의하는 '분노한 사람들'이라는 뜻의 스페인에서의 시위), 월가 점거, 미투 운동(#MeToo), 흑인의 생명은 소중하다(Black Lives Matter) 운동, 홍콩과 동남아시아 지역의 반정부 시위, 칠레와 남아메리카 지역의 카세롤라소(냄비뚜껑과 프라이팬 등을 두드리며 빈부격차와 공공 서비스 철회에 항의하는 주민시위), 2008년 이래로 연속적으로 이어지는 한국의 촛불집회들(금융자본과 가부장제, 권위적 정부 체제, 신자유주의적 질서 등의 정치적·경제적·문화적 위기), 지구온난화와 그에 따른 항의들(생태위기이자 산업자본주의 및 성장주의 체제들의 위기) 등이 말해 주는 것은 제국적 주권 질서의 위기는 설혹 그 시작이 특정 지역에서 이뤄진 것이라 할지라도 체제의 지배적 부문들을 직접 겨냥하면서 늘 지구적 차원으로 확대되고, 그 결과 그에 종속된 이들의 삶을 위기에 빠뜨린다는 점이다.

1990년대 중반 이래로 현재까지 근 30여 년간 이어진 이러한 전 지구적 주권 체제가 자기 안에서 발생한 이러한 위기들에 보다 즉각적·탄력적으로 대응하기 위해 근래에 발전시킨 것이 바로 '협치'의 체제이다. 이 체제 안에서는 가장 압도적인 힘을 발휘하는 미국조차도 일국 수준에서 전 세계를 통치할 수 없으며 그들 자신의 정치적·경제적 질서를 유지하기 위해서는 다른 국가들과의 법적 계약이나 협상에 의존해야 하는데, 이는 미국이 이라크 및 아프가니스탄에서의 파병이 실패했음을 자인하면서 미군을 철수시키고 이후 '미국 이익 우선주의'(트럼프의 당선과 함께)로 돌아섰을 때 더욱 분명해졌다. 미국은 여전히 초강대국이기는 하지만 홀로 세계를 지배하면서 일방적으로 결정을 내릴 수 없으며, 이러한 상황에서 발생하는 여러 형태의 지구적 위기에 대응할 방법은 협치 외에는 없게 되었으며, 그 속에서 미국은 일국적 이익에 매진하게 된 것이다. 이처럼 초국적·일국적·비국가적 제도와 권력기관들이 혼합되어 그때그때의 위기 상황에 따라 가변적으로 결정을 내리는 전 지구적인 협치가 확립됨에 따라 지배 질서는 더욱 미시적·보편적 수준에서 작동할 수 있다. 한편으로 워싱턴이나 베이징의 중앙 군사 권력은 제국적 협치의 귀족층들인 유럽은 말할 것도 없고 일본, 한국, 인도, 파키스탄, 러시아 등과의 군사적 협동에 매진하며, 로스앤젤레스(할리우드)의 중앙 문화 권력은 인도, 한국, 중국, 스페인, 쿠바의 영화(영화인)를 혹은 인종적 소수자나 성 소수자들을 자신의 무대에 세우고자 애쓰며, 뉴욕의 중앙 금융 권력은 프랑크푸르트, 홍콩, 싱가포르, 두바이의 화폐를 필요로 한다. 다른 한편으로 이 협치의 귀족들은 그보다 아래층을 형성하면서 민중을 대변한다고 주장하는 조직 및 기구들과 협상하고 협력해야 한다. 종속국의 정치 엘리트들은 자국의 민중을 대변한다면서 그들의 이익을 자신들만이 대표할 수 있다고 선언한다. 다양한 인도주의적 비정부 기구와 원조 단체들도 자신들이 민중의 이익을 대표한다고 말한다. 하지만 현실은 어떤가? 국제통화기금(IMF)은 통화 위기를 해결하지 못할 뿐만 아니라 오히려 그러한 통화 위기를 야기한 주범으로 기능한다. 세계은행(WB)은 지구의 가난 문제를 해결하지 못하며, 유엔 식량농업기구(FAO)는 식량 위기를 해결하지 못하며, 세계무역기구(WTO)는 무역 위기를 해결하기는커녕 무역분쟁의 당사자로 등장한다. 물론 이 모든 기구가 무용하다고는 할 수 없지만 그렇다고 이것들이 지구의 경제적 질서를 안정적으로 유지하게 하는 토대가 아닌 것은 분명하다.[15]

어셈블리의 다층성과 구성적 협치

제국적 협치가 이렇게 지구인의 삶을 불행하게 하고 또한 협치의 각 기관들이 무력한 상황에서 그와는 다른 협치의 가능성을 떠올릴 수는 없을까? 오늘날 기후재난이라는 위기 시대에 필요한 협치는 무엇인가? 우리는 이런 점에서 제국적 협치와는 다른 협치, 구성적이고 민주적인 협치에 대한 기획인 『어셈블리』에 주목할 필요가 있다.[16] '어셈블리(assembly)'는 번역이 힘든 말이다. 그것은 의회, 공회, 민회를 포괄하고 모으기/모이기, 집회 등의 의미도 담고 있는 다층적 개념이기 때

---

15 전 지구적 기관들이 오늘날의 위기에 대응할 수 없을 뿐만 아니라, 오히려 그러한 위기의 직접적 원인임을 밝히는 것으로, 안토니오 네그리·마이클 하트, 『공통체』, 381-387쪽을 참고하라.

16 이에 대해서는 안토니오 네그리·마이클 하트, 정유진·이승준 옮김, 『어셈블리』, 알렙, 2020을 참고하라.

문이다. 심지어 컴퓨터 프로그래밍의 언어를 표현하기도 하는 이 말은 네트워크에서의 디지털 알고리즘으로서의 의미도 담고 있다. 이러한 다층성은 구성적 협치에 대한 다양한 형태의 상상력을 촉발하는 계기를 제공한다. 이 책 마지막 장에는 '협치에 대한 단상'이라고 볼 수 있는 제언이 담겨 있는데, 이는 다중이 군주로 나서거나 기업가 정신을 발휘하는 등 리더십을 발휘할 때, 제도와 관계망이 어떻게 다양한 존재들의 협력과 연대를 통해 특이한 판을 짤 수 있는지에 대한 구체적 이미지를 제시한다. 네그리·하트는 이렇게 말한다. "사회적 존재의 다원적 존재론(……)은 정치적 과정이 주체성들의 그러한 다원성을 단일한 주체로 환원하는 대신, 다중이 그의 모든 다양성 안에서 정치적으로 행동하고 정치적 의사결정을 하게 하는 접합의 메커니즘을 창출해야 한다."[17] 이는 공공 영역을 축소하고 시장과 개인의 자율에 맡기는 신자유주의적 제도하에서의 협치와는 완전히 다른 궤도의 협치가 어떻게 가능한지를 생각하게 한다. 여기서 협치의 제도와 다중들이 이루는 관계망의 교직은 한편으로는 '관료주의=기능주의=자동주의' 유형의 기존 제도의 한계로부터 벗어나고, 다른 한편으로는 '자연주의=

---

17 네그리·하트, 『어셈블리』, 480쪽.

자생주의=원시주의' 유형의 기존 관계망의 한계로부터 벗어나 사회를 근본적으로 전환시킬 계기가 된다. 가령 최근의 팬데믹 사태는 서구의 금융자본주의 유형의 지배 양식으로는 시시각각 다가오는 생태계 위기, 기후위기 국면에 제대로 대응할 수 없다는 점을 드러냈는데, 이는 위기에 대응할 힘을 국가의 관료주의적 행정력이나 '보이지 않는 손'이 작동할 것이라 기대하는 경쟁적 시장에서만 찾았던 기존의 해법으로는 위기를 근본적으로 해결할 수 없을 뿐만 아니라, 위기에 대한 대처에서도 너무 느리거나 관성화된 대응만이 되풀이되었기 때문이다.

금융 위기, 핵발전소 폭발, 팬데믹, 기후재난과 같은 오늘날의 위기는 이전의 사회 질서에서는 경험한 적 없는 생소한 사건이 일어나는 것이거나 그 범위나 파급력에서 상상할 수 없이 대규모로(금융 위기와 팬데믹이 그렇듯 공간적으로는 전 지구적이고, 핵발전소나 기후재난이 그렇듯 시간적으로는 수십, 수백 년 동안 인류 전체와 생태계에 피해를 야기한다) 진행된다는 점에서 그에 대한 대응 역시 양적·질적 수준에서 엄청나게 확장되고 심화된 형태, 그리고 위기를 겪는 당사자들의 삶의 욕망에 기초한 협치 형태를 요구한다. 우선 양적인 수준에서, 오늘날 위기에 대한 대응은 가능한 한 얼마나 많은 사람이 그것을 적극적으로 사고하고 그에 따른 대응책을 실천할 수 있느냐에 달려 있다. 이는 전 지구적인 풀뿌리 민주주의에 기반해 도출되는 결정에 기초해서 그에 참여하는 이들의 다양성과 다수성에 의해 보장될 것이다. 가령 기후위기는 특정한 세대나 성별, 직업, 성적 지향, 계급, 인종을 뛰어넘어 모두가 겪는(혹은 겪게 될) 보편적 위기이며, 그에 대응하는 실천 역시 특정 시기에 한정되지 않는 모든 이들의 모든 시기의 참여를 요구한다. 둘째, 질적인 수준에서, 오늘날의 정치·경제·사회·문화적 위기에 대한 대안은 결국 민회와 집회, 공회, 다양한 형태의 공동체 모임이 서로 어우러지고 만나면서도 열린 논의(때로는 논쟁을 벌이면서 경합하고 때로는 넓은 범위에서 의견 일치를 끌어내는)를 해내면서 장기적이고 근본적인 삶 형태의 변화를 요구한다. 이러한 협치의 형태는 위계적 명령과 대립하는 '수평적·참여적 협치', 기존에 주어진 주체성(국민·민족·대중·노동계급)을 탈피하면서 새로운 주체성을 다층적으로 형성하는 '주체 형성적/인간 발생적 협치', 단순히 합리적 결론에 도달하는 것을 넘어서 합리성 이상으로 마음과 몸이 그러한 결론을 긍정할 수 있는 '정동과 욕망의 협치'의 형태에서만 구현될 것이다. 우리가 생각하기에 바로 이러한 형태의 협치들이 네그리·하트의 '구성적 협치' 개념이며, 우리는 바로 이러한 협치의 형태만이 오늘날의 기후재난 시대의 대안을 이끌어낼 수 있다고 생각한다.

탈성장 시기에도 민주주의는 가능한가?

위로부터가 아닌 아래로부터의 협치는 결국 형식적이고 대의적인 기존의 민주주의와는 다른 실질적이고 직접적인 민주주의를 통해서 실현될 수밖에 없다. 문제는 이러한 민주주의가 기후재난 시대에 어떤 방향으로 나아가야 하고, 또 그러한 방향이 미리 주어지는 것이 아닌 역동적이고 논쟁적인 형태로 나아갈 수 있느냐 하는 것이다. 이에 우리는 성장 중심의 경제를 벗어나지 않는 한, 현재의 기후위기를 근본적으로 해소할 수 없기에 삶을 근본적으로 전환하는 탈성장의 기획을 하나의 방향으로 제시하고자 했다. 이러한 방향 제시가 열린 민주주의적 논의가 일어나는 하나의 출발점이 될 것이라 기대하면서 말이다. 물론 탈성장에는 삶의 많은 변화가 필요한 만큼 여러 가지 불안과 우려가 동반될 수 있다. 그럼에도 우리가 네그리와 하트의 다중의 민주주의가 현재의 탈성장론에 부합할 수 있다고 생각하는 이유는, 그들이 제시하는 아래로부터의 민주주의가 실질적인 삶정치의 현장에서, 저항과 투쟁의 현장에서, 네트워크의 현장에서 벌어지는 무수한 토론들에 개방되어 있고, 또 다양한 견해 간의 경합을 민주주의의 중요한 계기로 여기기 때문이다. 또한 그러한 민주주의는 단순히 소수 정치적 엘리트들에게 제도적 결정을 맡기는 것이 아니라 다중들이 자신의 삶을 방어하고 좋은 삶을 꾸려 나가기 위해 집단적으로 결정에 참여하는 형태를 띠기 때문이다. 오늘날 개인들에게 부자가 되라는 욕망을 부추기는 신자유주의적 성장주의는 실제로는 소수에게만 부를 허용하고 있다. 네그리와 하트는 이를 극복하기 위해서 집단적이고 저항적인 주체성인 다중이 부를 재전유하면서도 그들이 부의 형태를 결정하고, 그것을 이전과는 다른 방식으로 생산할 것을 제안한다. 이것은 개인들이 부를 일방적으로 축적하는 삶을 지향하기를 멈추고 모두가 가난해지자는, 아니 더 정확히 말하면, 개인을 넘어서 모두 함께 다른 형태의 부(타자와의 정동적 관계, 돌봄을 통한 즐거움의 생산, 다양한 동식물의 존재 보존, 쾌적한 환경 등)를 영위하자는 방향성을 갖는데, 탈성장 담론은 바로 이러한 모두의 민주주의, 다른 부의 전유를 위한 민주주의와 나란히 나아간다. 물론 아직 탈성장 담론은 세밀한 이론적 청사진을 제시하거나 현실적인 제도적 실체를 가져본 적이 없으며, 또 전 지구적 북(미국과 유럽의 선진국들)의 소수 엘리트들이 자신들에게 유리한 삶의 지형 위에서만 통용되는 미사여구에 머물 수 있는 것도 사실이다. 그러나 이제까지 제도화된 (형식적) 민주주의가 성장주의와 긴밀한 연결고리를 가지면서 노동, 소유권, 분배를 중심으로 한 담론들과 관계 맺었던 것을 생각해 보면, 이와 대립하는 방향을 향하는 탈성장론은 역설적으로 아직 경험해 본 적이 없다는 바로 그 이유로 인해 무수한 가능성을 담고 있다. 유한한 커먼즈로서의 자연과 생명에 대해 약탈과 채굴과 추출을 가했던 자본주의는 이제 지구, 생명, 자연의 한계로 인해 동맥경화와 기능 정지, 파멸의 수렁으로 향하고 있다.[18] 어셈블리와 탈성장은 그러한 파멸의 길을 멈출 미래의 가능성이다.

들뢰즈와 가타리는 『안티 오이디푸스』[19]에서 자본주의가 봉건제를 근본적으로 극복하지 못했음을 지적한 바 있다. 즉 '오이디푸스'라는 무의식의 기제는 사실상 봉건제로부터 불철저하게 벗어나 있는(따라서 신분적 위계를 계급적 위계로만 대체한) 자본주의의 한 극으로서의 포획 양식이라 할 수 있다. 물론 다른 쪽 극에서는 욕망과 정동의 탈주의 힘이 민주주의를 가속시킨다. 기존 성장주의 문명이 자원-부-에너지의 흐름의 가속화를 통

---

18 물론 커먼즈는 앞에서 밝혔듯이, 자연적인 것에 한정되지는 않는다. 우리는 무한한 인공적·비물질적 커먼즈 역시 가지고 있으며, 그것을 계속해서 생산해 낼 수 있기 때문이다.
19 질 들뢰즈·펠릭스 가타리, 김재인 옮김, 『안티 오이디푸스』, 민음사, 2014.

해 욕망과 정동을 포획해 왔다면, 탈성장 사회는 정동, 욕망, 살림이 갖고 있는 내적 흐름을 가속화하면서 자원-부-에너지의 제한을 상쇄해야 한다. 즉 자원이 먼저 있고 활력과 정동이 뒤따르는 성장 시대가 아니라, 활력과 정동이 먼저 오고 제한된 자원이 뒤따르는 탈성장 시대로 이행하게 되는 것이다. 오늘날 자본주의는 이러한 민주주의의 가속화를 충족시키지 않는 한, 전환 사회의 전망을 가질 수 없는 과도기적인 상태에 머물게 된다. 그렇기에 민주주의를 가속시키기 위한 다중의 리더십은 오늘날 더욱 중요하며, 봉건제에 포획되기 쉬운 카리스마적 지도자 유형의 주체성(전위적 주체성)은 전략이 아닌 전술적인 임무만을 수행하는 기능에 머물러야 한다. 문제는 자본주의 내에서 민주주의의 입자가속기 역할을 성장의 자원-부-에너지의 흐름이 독점하고 있었다는 점이다. 그런 점에서 노동·분배·평등·자유를 외치는 사회적 차원에서의 저항, 투쟁, 재전유도 자원-부-에너지의 흐름에 편승하는 경향을 띠었다. 하지만 자원-부-에너지를 제한해야 하는 생태위기의 시대에서는 색다른 민주주의가 가속화될 필요가 있다. 우리가 생각하기에 탈성장 민주주의의 입자가속기 역할을 할 부분은 정동과 그 활력에서 찾아져야 한다. 네그리·하트의 다중의 민주주의가 필요한 것은 바로 이 지점이다.

'가난의 코뮌'은 무엇이고 어떻게 가능한가?

중세 무렵 중부 유럽으로의 게르만족의 쇄도는 로마제국의 붕괴를 초래했다. 이 과정에서 사회는 붕괴했고, 그 누구도 구성과 재건의 리더십을 가질 수 없는 권력의 공백기가 도래했다. 이 와중에 수도원 공동체를 중심으로 한 가난의 공동체가 소규모 교환 시스템과 호혜적인 나눔과 증여를 통해 그 공백을 메운 바 있는데, 그 과정에서 나타난 것이 바로 프란체스코의 '작은 형제회' 공동체이다. 이들은 가난을 중심 덕목으로 하는 영성적 공동체를 만들어내고자 했다. 이 가난의 코뮌은 세인(世人)은 접근할 수 없는 무소유라는 고귀하고 영성적인 덕목을 기치로 내걸었다. 물론 이러한 가난의 공동체가 빈자들에게 너무 혹독한 규율을 강요한다고 여겨질 수도 있지만, 역설적으로 바로 그러한 가난이 더욱 풍요롭고 연대적인 협동의 세계를 여는 계기가 된다.

> 하느님만큼이나 늙고 말이 없는 계층, 하느님만큼이나 노쇠와 침묵 속에 길을 잃은 자들, 이 계층이 아시시의 프란체스코에게 진정한 얼굴을 부여하게 된다. 교회 목제 조각상들의 얼굴보다 훨씬 아름다우며, 위대한 화가들이 그린 얼굴보다

> 훨씬 순결한 얼굴, 가난한 자의 단순한 얼굴, 가난한 사람, 바보, 거지의 초라한 얼굴[20]

보뱅이 묘사한 프란체스코의 가난한 공동체는 이렇게 우리를 색다른 코뮌의 상상력으로 이끈다. 은둔자, 예언자, 성인, 수도자, 풀만 먹는 사람, 텃밭을 일구는 사람, 어머니의 품 안에서 잔치에 참여한 아이, 당나귀, 새 등 가장 하층에 있는 존재들의 모이기/모으기가 그것이다. 그것은 부를 위해 맹목적으로 쫓아가는 집단 또는 개인적 빈곤에 직면한 빈곤자 유형의 삶이 아니라, '가난하면서도 풍부하고 충만하고 협동하는 영성 공동체'이다. 이때 조심해야 할 것은 이러한 영성 공동체를 금욕주의적 공동체나 폐쇄적인 종교 공동체와 혼동하는 것이다. 네그리와 하트는 이렇게 말한다.

> 프롤레타리아트, 즉 노동력의 자유로운 판매자들인 다중은 팔 수 있는 것이 아무것도 없고 다른 생존 수단이 전혀 없이 '제2의 자연'에 들어가게 되는데, 이 '제2의 자연'은 자본에 의해 구축되어 노동 윤리 및 위계화된 사회 질서에 대한 신학

---

20 크리스티앙 보뱅, 이창실 옮김, 『아시시의 프란체스코』, 마음산책, 2008, 19쪽.

적 정당화로 인해 강화된다. 빈자는 자기 자신의 착취에 책임감 있게 참여할 것을 요청받으며, 그러한 참여는 품위 있음으로 여겨지게 될 것이다. '신의 크나큰 영광을 위하여'. 자본주의적 금욕주의는 빈자와 피착취자의 지옥살이가 된다.[21]

여기서 빈자가 직면하는 금욕주의의 신은 기독교적인 세속 종교의 신이며, 성장 중심적인 자본주의의 모태가 되었던 종교 양식이다. 그 점에서 카를 마르크스의 '결코 빈곤은 찬양될 수 없다'라는 슬로건에 주목할 필요가 있다. 여기서 빈곤은 자원과 자급자족에 접근할 수 있는 관계의 부족, 결핍, 결여에서 오는 개인들이 직면하는 부족함의 상태를 의미한다. 반면 프롤레타리아트의 가난은 오히려 풍부함, 충만함, 연대를 불러일으키는 무소유의 비자본주의적인 상태의 관계망으로 나타났다. 물질적 빈곤을 극복하면서도 소유가 없다는 의미에서의 '더불어 가난'을 향해 나아가는 것, 여기에 탈성장 시대의 어셈블리의 참조점이 있다.

우리는 지난 수십 년간 개인 차원(사적 소유의 공화국)에서든 국가 차원(공적 소유의 공화국)에서든 부를 갖기 위해 몸부림쳐 왔

---

21 네그리·하트, 『어셈블리』, 132쪽.

다. 지난 100년간 자본주의와 사회주의가 바로 이 부의 소유를 향한 몸부림이 아니었던가. 그러한 몸부림은 생태계에 엄청난 하중을 주었고, 생명과 자연을 어떤 시기보다 혹독하고 열악한 상태로 내몰았다. 오늘날은 모두 부자가 되는 것이 아니라, 사적이든 공적이든 소유의 공화국에서 벗어난다는 의미에서 가난을 지향하는 역사의 전환이 이루어져야 한다. 소유나 점유가 아닌 공유와 협동이 우리의 부의 진정한 내용을 구성하는 것, 이윤의 증식이 아니라 삶과 향유의 증식으로 나아갈 필요가 있다.

> 여기서 우리는 다시금 프란체스코회가 가진 기획의 본질과 만난다. 즉 결핍으로서의 가난이 아니라 부와 풍요의 상태로서의 가난은 모든 형태의 주권과 초월적 권력을 위협한다. (……) 봉건적 종교 질서를 전복하고자 했던 프란체스코회 교인들이 보여준 무소유의 실천은 오늘날 또다시 자본의 금융 권력에 맞서는 공통적인 것의 투쟁에서 혁명적 잠재력을 가지며, 심지어 그 힘의 깊이는 훨씬 더하다. (……) 가난에는 종교 정체성을 포함한 모든 종류의 정체성을 해체할 신성 모독적이면서도 그 정체성을 부식시키는 요소가 있다.[22]

---

22 네그리·하트, 『어셈블리』, 134-135쪽.

그런 점에서 탈성장 코뮌 사회의 기획에는 소유적 정체성(성별, 인종, 계급은 모두 소유에 기초한 정체성을 형성한다)을 와해하는 입자가속기로서의 '더불어 가난'이 놓여 있다. 더불어 가난은 정동과 활력을 통해 생태민주주의를 가속화함으로써 다중의 권리와 자율을 더욱 확장시키는 방향성을 띨 것이다. 현재의 생태위기, 기후위기는 시간이 흐를수록 점점 더 자연과 생명의 유한성이 드러나는 상황을 향하고 있다. 이때 미래에 대한 전략적 지도 제작은 어디에서 어떻게 시작해야 하는가?

활력과 정동의 다중의 리더십

소유 공화국의 두 형태인 자본주의와 사회주의를 거부하는 탈성장 코뮌의 기획은 공허한 유토피아를 지향하지 않는다. 우리는 그것의 역사적 형태를 68혁명 속에서 확인할 수 있기 때문이다. 68혁명은 우리 안에 내재한 정동과 욕망을 해방하는 기획을 통해 성장주의 문명을 거부했던 인류 역사 최초의 전 지구적 운동이었다. 물론 히피, 생태주의자, 반전 평화 운동가, 반문명주의자들이 판을 짜고 다중이 그에 호응했던 68혁명의 주역들(우리라면 586들)이 대부분 그 이후 자본주의의 재구조화와 포획으로 인해 고소득자, 전문가가 되거나 기성 정치인으로 전락한 것도 사실이다. 그러나 그 가능성과 잠재력은 여전히 살아남아 있다. 권력이 아닌 활력으로서, 성장과 경제가 아닌 정동과 살림으로서, 대의제의 포획이 아닌 다중의 리더십으로서.

네그리·하트에 따르면 오늘날 산업 생산에서 정동 생산으로의 생산 헤게모니의 이행은 탈성장 사회의 중요한 생산적 조건일 수 있다. 지배(인간 노동에 의한 자연생태의 파괴적 사용/생산 노동에 의한 재생산 노동의 가부장적 전유)[23]와 피지배(자본에 의한 노동의 잉여가치 착취)의 양가적 측면을 품고 성장 경제의 내부 행위자로서 위치해 있던 임금 기반의 산업 생산자들은 이제 더 이상 사회를 기획하는 주도적 주체성일 수 없다. 아니 어쩌면 고유한 의미에서의 산업 생산자들은 오늘날 사라지고 없는 것일지도 모른다. 우리가 공장 노동자들이라 부르던 이들조차 더 이상 기계 앞에서 육체노동을 반복적으로 실행하던 노동 형상을 띠지 않기 때문이다. 임금을 받는 공장 노동자들조차 오늘날은 근육과 근면 성실의 힘보다는 지성과 정동, 사회적 협동에 의지해 생산을 이뤄내고 있기 때문이다. 그런 점에서 마르크

---

23 이에 대해서는 마리아 미즈, 최재인 옮김, 『가부장제와 자본주의』, 갈무리, 2014와 마리아로사 달라 코스따, 이영주·김현지 옮김, 『페미니즘의 투쟁』, 갈무리, 2020을 참고하라.

스의 '산 노동' 개념을 현대적으로 형상화하는 인지 생산과 정동 생산은 오늘날 권력에 맞서는 저항의 주요한 얼굴로서 이해될 필요가 있다. 정동 노동은 돌봄, 살림, 모심, 보살핌, 섬김의 기초가 되는 마음의 상태를 유지할 것을 요구받는다. 이때의 마음은 대상과 그에 대한 표상의 일치를 추구하는 '객관적 진리론'에서의 마음 상태를 뛰어넘어 '주체적 감응 양식', '타자와의 관계 구성'을 요구하는 마음 상태를 지시하는데, 우리는 여기에서 흐르면서 변용하고 결합하면서 증식되는 비표상적 사유, 비개체적 인지, 비소유적 신체의 운동을 읽어내고자 한다. 정동 생산이 오늘날 탈성장의 주체성을 형성하는 사회적 조건이라고 말할 때, 우리가 주목하는 것은 바로 이러한 흐름, 집단성, 공통성의 생산이다. 더구나 오늘날 우리가 생산하는 정동은 늘 자연이나 기계와 통합된 상태에서 서로의 존재를 구성하는데, 이는 인간-자연-기계의 분리될 수 없는 연결 관계를 전제하는 정동 생산의 현대적 상황을 말해 준다. 인간의 놀잇감으로 사냥당한 사자의 죽음을 애도하고 한류 드라마의 주요 연기자였던 말(馬)의 부상에 깊은 슬픔을 느끼면서도 가정용 인공청소기와 대화를 나누고 도심의 하수구를 막고 있는 플라스틱병, 죽은 쥐, 나뭇잎 잔해, 담배꽁초의 더미가 유발하는 분노와 처량함 등이 말해 주는 것은 인간-사물-기계-동물이 정동으로 연결된 풍경 속에 오늘날 다중의 삶이 놓여 있다는 점이다. 심지어 그러한 정동의 생산자는 인간 주체에 한정되지 않고 비인간 존재로까지 확대되어 있다는 점이다. 오늘날 플랫폼 자본이 이 모두를 도구로 이용해 이윤을 생산(흥미를 유발시켜 관심을 끌고 그것을 화폐로 전환)하고자 할 때, 우리에게 필요한 저항의 전략은 다중의 어셈블리를 통해 그러한 정동 생산물들을 소유의 공화국에서 빼내 공유와 커먼즈로 이행하게 하는 것이겠다. 네그리·하트는 이렇게 말한다. "사회적 두뇌가 노동에 이용되고 복종하는 주체성을 생산하도록 요구받을 때조차도, 고정자본은 노동자의 신체와 정신에 통합되어 그들의 제2의 자연이 된다. (······) 노동자는 노동하는 동안 고정자본을 전유하여 그것을 다른 노동자와의 사회적·협동적·삶정치적 관계에서 발전시킬 수 있다. 이 모든 것이 새로운 생산적 자연을, 즉 새로운 생산양식의 토대가 되는 새로운 삶형태를 결정한다."[24] 그들이 이처럼 노동자에 의한 고정자본의 재전유를 말할 때, 그 노동자는 정동의 생산자, 기계-사물-인간을 연결해 서로를 재생산하고 다시 서로의 존재와 삶을 규정하는 자들을 지시하며 이들 속에서 우리는 다중의 존재를 확인한다. 다중은

---

24 네그리·하트, 『어셈블리』, 222쪽.

오늘날 매 순간 새롭게 생산되면서 새로운 전략을 만들어낸다. 이러한 전략적 지도 제작은 우리의 정동과 지혜를 자극하여 미래를 향한 탈주선을 개척하는 특이점이 될 수 있다. 생태적 전환을 위한 탈성장 민주주의 시대는 바로 이러한 다중들의 협동 안에서 출발할 수 있으며, 그러한 협동을 통한 협치만이 유일하게 가능한 민주주의의 미래일 것이다.

도나 해러웨이의 공-산적 협치와 이야기 만들기

해러웨이의 공-산

도나 해러웨이(Donna Jeanne Haraway)는 자신이 가진 사상으로 인해 기이하면서도 다양한 이력들로 표기되고는 한다. 사회운동의 관점에서 그녀는 사회주의 페미니즘 계열 내에서 가장 급진적인 위치를 점유하는데, 그녀는 이러한 페미니즘을 탈식민주의, 포스트마르크스주의, 생태주의, 퀴어 이론 등을 경유해서 펼쳐낸다. 전통적인 학문의 논리에서 보면, 그녀는 생물학자이자 과학사가이며 또한 문화인류학자로 불리고는 한다. 그리고 글을 쓰는 작가이자 저자의 관점에서는 문화비평가, 철학자, SF 작가, 미래학자 등의 이름이 그녀에게 부과될 수 있다. 이러한 종잡을 수 없는 이름들은 그녀가 지난 수십 년 동안 남/녀, 인간/동물, 유기체/기계, 공적 영역/사적 영역, 정신/신체와 같은 근대적 이분법들이나, 정치/경제/사회/문화, 신화/과학, 물질/기호 등에 그어지는 전통적인 경계선들을 넘나들면서 그 경계를 전복하기 위한 노력을 경주한 결과에서 비롯되었다. 그런데 이러한 경계를 흐리면서 전복하는 일은, 국경선을 넘는 모든 여행이 그렇듯, 이방인이 겪을 위험에 대한 두려움, 낯섦으로 인한 적응 불능, 기존의 생활 리듬을 깨는 불균형 등을 동반할 수밖에 없다.

하지만 문제는 거기에서 그치지 않는다. 해러웨이는 경계를 흐리면서 전복하는 일이 자신의 주관적 의식에 따라 이뤄진다고 생각하기보다는 우리가 사는 세상 자체, 우리가 구성하는 생명의 구도가 그렇게 존재론적으로 경계를 넘나든다고 생각하기 때문이다. 해러웨이가 보기에 생명은 개체적 수준에서부터 이미 하나로 통합될 수 없는 다양한 존재들(다른 존재로서의 타자 혹은 구체적으로는 바이러스나 이질적 세포, 박테리아)과의 공존으로 구성되며, 생명의 진화 역시 (찰스 다윈의 적자생존론과 대립하는 표트르 크로포트킨의 상호부조론을 연상시키는 방식으로) 상호 경쟁 속에서의 우월한 우성 인자의 생존으로서가 아니라 취약하고 서로 뒤얽힌 종들의 협동으로서의 공-산(sympoiesis) 안에서 이루어지는 것이다. 우리가 생각하기에 생태위기 시대의 협치는 바로 이러한 공생적 관계 맺기로서 이해될 필요가 있다. 해러웨이는 이렇게 말한다.

> 지구생명체들은 결코 혼자가 아니다. 이것이 공-산의 근본적인 함의이다. 공-산은 복잡하고, 역동적이고, 재빨리 응답하고, 상황에 처한 역사적 시스템들에 적절한 용어이다. 그것은 함께-세계 만들기를 위해 쓰이는 말이다. 공-산은 자율생산을 껴안고 생성적으로 펼치고 확장한다. (……) 크리터들은 서로 깊숙이 침투하고, 서로를 빙 돌아 관통해서 원을 그리며

공-산 · 생태 개념어 쪽지 ·

'공-산(共産/sympoiesis)'은 '함께(sym)+제작하다(poiesis)'라는 의미를 가진 해러웨이의 용어로, 생명에 대한 전통적인 접근법인 개체주의와는 달리 생명들이 서로 협동하는 공생적 관점을 반영한다. 이 개념이 오늘날 의미 있는 것은 '사적 소유'를 지향하는 자본주의나 '공적 소유'를 지향하는 사회주의와 달리, 함께 제작하는 만큼 누구도 소유할 수 없지만 또한 모두가 이용할 수 있는 공통적인 것의 생산 행위를 지시하기 때문이다. "공-산의 함의는 이렇다. 함께 만든다고 해도 주체와 대상은 있다. 하지만 전적으로 주체이기만 한 것도 전적으로 대상이기만 한 것도 없다. 공-산은 모두 힘을 합쳐서 무언가(대상)를 만든다는 의미가 아니다. 상대가 나의 몸을 만들고, 나는 상대의 몸을 만든다. 상대가 만들어준 나의 몸으로 다시 상대를 만들기에 참여한다. (……) 공-산적인 파트너 관계가 중단되지 않고 오랜 세월 이어져 올 수 있었다면, 그들 사이에는 필시 상호 의존을 위한 윤리와 정치가 작동하고 있을 것이다." 이에 대해서는 최유나, 『해러웨이, 공-산의 사유』, 도서출판b, 2020, 70-71쪽을 보라.

움직이고, 서로를 먹고, 소화불량이 되고, 서로를 부분적으로 소화하고 부분적으로 동화시켜서 공-산의 채비를 갖춘다.[25]

이때 생명체들이 공존, 즉 공생체들의 공-산이 자기 종에만 한정되어 있지 않다는 점에 주목할 필요가 있다. 어떤 존재가 살아 있다는 것은 반드시 그것의 고유한 형태와는 다른 존재인 박테리아와 함께 있을 때만 가능한 일이다. 해러웨이는 이를 위해 '하와이 짧은꼬리오징어'와 그 박테리아 공생자인 '비브리오 피스케리'의 사례를 든다. 오징어는 자기 복부의 주머니를 이용해 차가운 광선을 발하는데, 이때 이 광선에 필수

크리터 · 생태 개념어 쪽지 ·

'크리터(critter)'는 말썽을 일으키는 온갖 종류의 야생동물을 지시하는 영어권의 일상적 관용구이다. 우리는 이를 흔히 '유해동물'이라는 이름으로 부른다. 하지만 도덕적인 용어(이때 '유해하다'라는 말은 인간의 농작물 생산에 해롭다는 것을 지시하지만, 멧돼지의 관점에서 자기의 거주지를 밀어낸 인간들에 의한 농지 개간이야말로 해로운 것이 아닐까?)를 걷어버린다면, 이 말은 창조물이라는 의미의 크리처(creature)와 발음상의 유사함을 가지고 있다. 크리처가 자연신학이나 창조주의 이미지를 떠올리게 한다면 크리터는 우리 주변에서 살아가는 생물체를 지시한다는 점에서 현실적이다.

---

25 도나 해러웨이, 최유미 옮김, 『트러블과 함께하기』, 마농지, 2021, 107-108쪽.

적인 것이 바로 박테리아이다. 어두운 심해에서 오징어는 자기 아래에 헤엄치거나 기어다니는 먹잇감을 식별하기 위해 빛을 발하는 박테리아들에게 자기의 몸과 살을 내준다. 어린 오징어가 적당한 지점, 적당한 시기에 적당한 박테리아들에 감염되지 않는다면, 사냥하는 성체가 되었을 때 오징어의 생명을 온전히 유지할 수 없다. 더욱이 이 박테리아들은 성체 오징어의 생물학적 주기의 리듬을 조절하는 신호를 만들어내고, 오징어는 자기 몸에 비브리오 속(屬)의 각종 세균의 서식지를 마련하기 위해 매력적인 표면을 제공하고 그들을 유혹해 일정 수를 유지한다.

더욱 흥미로운 다른 사례로 해러웨이는, 통상 '외래종'으로 알려진 아카시아나무(하지만 멀리 씨를 뿌리는 과정에서 철새가 자기 몸에 그 씨앗을 배설물로 담아 곳곳에 퍼트리게 된 아카시아나무에게 태생적 토착성은 애초부터 없는 것일지 모른다)와 토착종으로 알려진 '수도머멕스 속(屬) 개미'의 공생을 말한다. 이것은 종과 종을 넘어, 외래종과 토착종 간의 경계를 뛰어넘어 협력하는 어떤 사태를 보여준다. 아카시아나무는 우리나라를 비롯해 전 세계 어디서든 "너무 무성하게 자라, 생명을 복원하려는" 이들에게 "토착종의 생태계를 파괴"하는 유해 식물군으로 이해되고는 한다. 하지만 아카시아나무는 인간이 파괴한 산림 속에서 살아남은 생물들에게 잠들 곳과 먹을 것을 제공하는 안식처이자 생명 공급원일 수 있다. 그것은 대양과 대륙을 가로질러 온대 지대와 열대 지대, 사막 기후 등을 가리지 않고 번성하면서 우리가 흔히 '토착종'이라 부르는 생물체들과 공생할 뿐만 아니라, 인간에게는 건실한 목재를, 그리고 츄잉껌, 아이스크림, 핸드 로션, 맥주, 잉크, 젤리의 원료를 제공한다. 사실 이러한 고무 분비물은 아카시아나무 자체의 면역 체계를 구성하는데, 그것이 나무의 상처를 봉합해 그 사이를 침투하려는 균과 박테리아의 번식을 막아주기 때문이다. 벌에게는 꿀을, 나방과 거미와 각종 동물에게는 그들의 채식을 위한 나뭇잎을 제공하며, 인간들에게는 페이스트(씨앗이 들어간 반죽), 깍지, 카레, 새순, 구운 씨앗으로 만든 튀김 요리의 원료가, 그 뿌리는 탄산음료를 만드는 식물성 추출물의 원료가 되기도 한다. 이런 아카시아나무에게 수도머멕스속 개미는 좋은 동반자이다. 그들은 자신들의 은신처와 식량을 제공하는 아카시아나무의 씨앗을 멀리 옮겨 번식하게 할 뿐만 아니라 곤충의 접근을 막으면서 생장을 돕는데, 더 놀랍게는 이 과정에서 자기 몸의 몇십 배에 이르는 초식 동물들을 물어뜯어 공격하기도 하며, 아카시아나무의 신진대사를 가로막는 다른 주변 식물들의 묘목을 제거하기도 한다. 개미들은 그들의 강력한 이빨, 그리고 아카시아나무의 잎을 먹고 자기 몸에 축적한 독성(이른바 '포름산')을 사용해 다른 생물들을 죽이고 공격함으로써 아카시아나무를 돌보고 '길러내는' 것이다. 이것이 말해 주는 것은 무엇인가? 해러웨이는 이렇게 말한다. "이런 것을 관찰하면 할수록, 땅 위에서 살고 죽기의 게임은 공생이라는 이름으로 통칭되는 '뒤얽힌 다종(multispecies) 관계'나 한 상에서 밥을 먹는 '동반종의 함께 일하기'로 명명할 만하다. (……) 개미와 아카시아나무는 온갖 종류의 크기와 규모를 가진 생물체들과의 연합을 갈망하며, 그것들은 진화적·유기체적인 시공간 혹은 전체 군집의 시공간 안에서 자신들을 살리고 죽이는 접촉을 하는 데 있어 기회주의적인 면모를 갖는다."[26] 공생은 단지 서로 협력해서 잘 살아간다는 것만을 함의하지 않는다. 그것은 모든 것과의 공존을 말하는 것이 아니라, 어떤 종들(딱정벌레, 기린, 각종 식물, 버섯류, 박테리아류 등)에게는 무시무시한 죽음 및 그 공포를 가져다주기도 하고, 서로가 서로를 책임지고 서로에게 응답하는 방식으로 '자연문화'를 형성해 가는 것이다. "공생발생은 선(善)과 동의어가 아니라, 응

---

[26] Donna J. Haraway, *Staying with the Trouble: Making Kin in the Chthulucene*, Durham and London: Duke University Press, 2016, pp. 117-125. 해러웨이의 책은 한글본으로는 5, 6, 7장이 누락된 상태로 번역되었다. 한글본에 수록되지 않은 글(서문, 5-7장 등)의 번역은 웹진 〈인-무브〉에서 확인할 수 있다. https://en-movement.net/362

답-능력 안에서의 서로 '함께-되기'와 동의어"인 것이다.[27]

비둘기 블로그와 동물-기계-인간의 공생적 협치

그런 점에서 해러웨이는 함께 살고 죽고 그래서 때로는 싸우고 때로는 연합하는 트러블로 가득 찬 시대를 살아가는 관계의 제작자, 이전에는 이어지지 않았던 관계를 새로운 이야기 만들기와 새로운 기법으로 표현하는 행위자들의 연합이라는 새로운 관점을 제공한다. 그리고 그런 연합(협치)을 이루는 중요한 실천을 해러웨이는 예술로 이해하는데, 이때 예술은 기후위기 시대를 살아가는 우리 인류와 끝없이 이어지는 다양한 생물체들이 만들어내는 자연 문화 그 자체이며, 함께 공생적으로 협력하는 존재들의 표현 형태이다. 오늘날 예술 실천은 때로는 죽어 가고 사라져 가는 이들을 애도하기도 하고, 때로는 생명의 쉼터를 제공 및 회복시키기 위한 표현물을 생산한다. 나아가 서로에게 과잉되어 있던 존재들을 스스로의 결정과 합의 속에서 우리들의 공생적 삶에 적합한 방식으로 변모시킨다.

---

27 같은 곳.

해러웨이는 살기 좋은 미래를 만들어내는 기획으로서의 예술 실천은 지금 현재를 반성해 변화와 대안을 모색하며, 과학과 철학, 역사와 사회 운동을 연결하는 실뜨기의 기술이라고 보면서 이렇게 말한다.

> 사물들과 살아 있는 존재자들은 응답-능력(respons-ability)을 키우면서, 시간과 공간의 상이한 스케일 속에서 인간과 인간 아닌 생물들 신체의 내부와 외부에 있을 수 있다. 이 플레이어들은 다 함께, 무엇과 누구의 존재를 유발하고, 촉발하고, 야기한다. 서로 함께-되기와 서로를 유능하게 만들기는 n-차원의 틈새 공간과 그 주민들을 발명한다. 그 결과 흔히 본성[자연]이라 불리는 것이 생긴다.[28]

해러웨이는 이러한 공생적 함께-되기가 기술자 및 과학자와 행위예술가의 만남 및 서로에 대한 응답을 통해 더욱 적극적으로 산출될 수 있음을 '캘리포니아 비둘기 프로젝트'를 통해 드러내고자 했다. 비둘기들은 한편으로는 도시의 골칫거리로 인식되는 크리터들이다. 병균을 옮기고, 배설물로 건물을

---
28 해러웨이, 『트러블과 함께하기』, 34쪽.

부식시키며, 높은 번식력으로 인해 군집을 이루면서 도시의 미관을 해치며, 바깥에 말린 빨래를 오염시키고, 심지어 차량에 뛰어들어 시야를 방해해 사고를 일으키고, 조용한 휴식을 침범하는 소음을 유발하며, 전선이나 통신 케이블에 내려앉아 합선을 일으키기 때문이다. 그러나 다른 한편으로는 비둘기는 도시를 도시답게 만들어주는 도시형 크리터이기도 하다. 비둘기는 높은 번식력을 통해 고양이와 우연히 도시로 날아온 맹금류의 생존을 이어가게 해주는 좋은 식량이며, 높은 소화력을 통해 도시에 버려진 음식물 쓰레기나 토사물을 청소해 주는 청소부(물론 누군가에게는 바로 그 행위가 도시 미관을 해치는 원인일 것이다)이자, 좋은 조력자를 만났을 때는 인간이 도달하지 못하는 장소에 소식을 날라 주었던 우편배달부(물론 전자 메일로 대체된 그 능력은 이제는 우체국의 상징물로서만 남아 있다)이자, 마술 놀이의 오랜 주인공이며, 올림픽이나 월드컵과 같은 대형 스포츠 행사나 축제에 등장해 평화와 화합의 분위기를 연출하는 행위예술가이다.

이러한 비둘기가 도시와 그 구성원들과 함께 평화롭게 공생할 방법은 없을까? 해러웨이는 캘리포니아 대학에서 진행한 실험적 행위예술 기획에 주목하는데, 이는 '일렉트로닉 예술을 위한 사회 간 예술 및 상호 연결'이라 불리는 행사였다. 우선 집단적 창작자로서 〈비둘기-블로그〉가 이 행사를 주도했는데,

그들은 전서구(傳書鳩), 예술가, 엔지니어, 그리고 비둘기 애호가들 간의 협력의 산물이었다. 이들은 대기질 상태에 관한 정보를 모아 일반 대중에게 배포하려는 풀뿌리 과학 데이터 수집 기획에 참여했다. 이를 위해서는 경주 비둘기나 전서구와 애정을 나누는 비둘기 애호가들이 필요했으며, 또한 시민과학 기반의 저렴하고 기술 적응력이 높은 전자기기가 동원되었고, 이를 과학자들과 예술가들이 짠 동선에 따라 데이터 수집을 실행했다. 물론 순전히 공기질을 기술공학적으로 측정하는 데에만 그 목표가 설정된 것은 아니었다. 진정한 목표는 동물-기계-인간의 상호 협력을 강화하기 위한 실험에 있었으며, 과학자와 예술가가 전문 능력에 따라 그것을 새로운 배치로 만들어내는 데 있었다. 그리하여 존재의 차이를 인정하면서 서로의 관계를 회복시켜 트러블의 시대에 함께 살아가는 방법을 체험하는 것이다.

장비를 잘 갖춘 경주 비둘기는 귀소 비행을 위해 날려 보내진 땅뿐만이 아니라, 정부 기기가 접근하지 못하는 주요 고도를 비행함으로써 실시간으로 대기오염 데이터를 연속해서 수집할 수 있다. 또한 이 데이터는 인터넷을 경유해 시민들에게 실시간으로 전달되었다. 비둘기들은 전자기기가 탑재된 배낭을 메고 비둘기 애호가들과 함께 일정한 훈련을 받고, 과학자들은 장비를 점검하고, 예술가들은 사람들을 모으고 수집 과정을 시각적으로 구현할 수 있도록 비둘기와 사람들의 동선을 데이터화한다. 그리고 이 모든 것의 바탕에는 비둘기와 애호가들의 애정 관계, 엔지니어들의 기술과 기계에 대한 열정, 예술가들과 대중의 상호 소통과 같이 정동에 기초한 관계망이 있다. 비둘기들은 이를 통해 공동 생산자의 위상을 획득하고 애호가들과 함께 교류하고 훈련하는 법을 익혔다. 해러웨이에 따르면, "모든 참가자들은 서로를 유능하게 만들었다. 그들은 사변적 우화 안에서 서로와 함께-되었다."[29]

이러한 퍼포먼스에 가장 먼저 관심을 보인 것은 '미 국방첨단과학기술 연구소'와 같은 군사 기관이었다. 비둘기를 스파이로 만들고 싶어 하는 도구주의적이고 기술주의적인 접근에서 말이다. 그다음 이 퍼포먼스는 '동물의 윤리적 대우를 바라는 사람들(PETA)'의 부정적 관심을 끌었다. 그들은 동물 학대를 이유로 〈비둘기-블로그〉를 폐쇄해야 한다고 말하면서 인간의 과학이 동물을 학대하고 희생시키고 자신의 필요에 따라 이용하고 있다고 비판하면서 행사가 벌어지는 장소에서 피켓 시위를 벌였다. 해러웨이는 이는 과학의 도구주의적 접근에 대한

---

29 해러웨이, 『트러블과 함께하기』, 42쪽, 번역 일부 수정.

경고와 비판의 목소리일 수는 있지만, 그것이 변화된 세상(발전된 기술, 인간의 거주지에 안착한 비둘기)에서 동물-기계-인간의 새로운 관계 맺기를 시도한 놀이일 수 있음을 그들이 상상하지 못한다는 점을 문제 삼았다. 비둘기가 받은 훈련이 고통을 유발하고 그래서 거부되어야 한다면 학교 책상에 앉아 책 읽기를 강요해 고통을 주는 모든 교육 역시 중단되어야 할 것이다. 비둘기가 장비를 착용하는 기괴한 형상이 자연스러움을 파괴하는 인간주의적 발로라면, 인간이 짊어지는 모든 배낭과 의복, 스마트폰도 내버려져야 할 것이다. 우리가 자연주의적으로 벌거벗고 살 수 없는 것처럼 비둘기도 도시화된 문명 존재임을 받아들이는 것이 중요하다.

〈비둘기-블로그〉는 이후 워싱턴 D.C.의 교육 단체들의 협조를 받아 도시 비둘기를 관찰하고 기록하는 일을 아이들과 함께 수행했다. 도시의 아이들(여기에 시간을 낸 많은 아이들은 대부분 '소수' 집단—흑인, 빈민, 이주민—출신들이다)은 멸시받고 발길질 당하고 돌팔매질 당하는 새들과 자신들의 공통점을 확인할 수 있었다. 도시의 새들은 도시의 소수자들과 유사점이 많으며, 그만큼 소수자에게 도시의 동물과의 관계 맺기는 자신들의 삶에 중요한 참조점이 될 수 있다. 흑인이나 이주민을 '고향'으로 되돌려보내는 것이 엄청난 폭력이듯, 비둘기에게도 돌아갈 야생은 없다. 아니 어쩌면 모든 동물종은 인간과 마찬가지로 고유한 거주지나 토착지가 없는 이주민들일지 모른다. 비둘기는 도시의 시민이 되었다. 이 시민들과 함께 살아가기 위해 우리는 무엇을 할 수 있고 또 무엇을 해야 하는가? 필요한 것은 새로운 공생자를 어떻게 바라보고 어떻게 존중해야 할지 그 방법을 몰랐던 우리 자신에 대한 교육이며, 그러한 교육은 함께 놀고 관계 맺으면서 응답-할-수-있음의 능력을 배양하는 방향으로 나아가야 한다.[30]

기후위기 시대의 이야기 만들기

해러웨이는 우리가 현재의 위기 속에서 살아가기 위해서는 트러블을 겪는 위태로운 존재들과 함께 새로운 패턴을 만들어낼 '이야기 만들기'가 필요하다고 말한다. 그녀가 자신의 철학적 저서들에서 서슴없이 여러 SF를 만들어낼 때, 그것은 같은 말 속에서 여러 의미를 변주시키는 예술 실천이다. 해러웨이는 SF 속에는 공상과학소설(science fiction), 사색적 우화(speculative

---

30 Donna J. Haraway, *Staying with the Trouble*, pp. 16-29.

fabulation), 실뜨기 놀이(string figures), 사색적 페미니즘(speculative feminism), 과학적 사실(science fact) 그리고 기타 등등(so far)이 있다고 말하면서 이렇게 덧붙인다. "이 반복된 목록은 이어지는 다음 페이지들에서 빙글빙글 돌며 꼬리를 만들어낸다. 즉 나와 나의 독자들을 위태로운 존재들과 패턴들로 엮는 말들과 시각적 상 안에서 빙글빙글 돌면서 고리를 만들어내는 것이다. (⋯⋯) 이 점에서 SF는 흔적을 뒤따르는 방법이며, 어둠 속에서 그리고 위험하면서도 진실한 모험의 이야기 속에서 실을 따라가는 방법이다."[31] 혹자는 이것이 철학자의 싱거운 말장난에 불과하다고 폄하할지도 모르겠다. 혹은 사실과 물질이 있고 그것을 표상하고 재현하는 언어가 있는 것이지 그냥 아무렇게나 만들어낸 말(언어)이 사실과 세계를 어떻게 규정할 수 있느냐고 강하게 항의할지도 모를 일이다.

우리가 생각하기에, 이러한 이야기 만들기는 오늘날 기후재난의 시대를 살아가는 우리에게 필요한 어떤 삶의 태도나 지혜를 보여준다. 우리는 그저 단순히 과거로 회귀할 수 없으며, 따라서 과거와는 완전히 다른 지형 위에서 새로운 관계를 맺으며 살아가야 한다. 이것은 그저 괜히 던져보는 당연한 말

---

31 해러웨이, 『트러블과 함께 하기』, 10-11쪽. 번역 일부 수정.

이 아니다. 누군가는 지구온난화가 가져올 여러 효과에 큰 두려움을 느끼고 또 현재와 같은 속도의 생물 멸종이 지구의 풍경을 바꾸면서 인간종 자신의 존재 보존을 위기에 빠뜨리는 상황에 엄청난 절망감을 느낄 것이다. 그렇다면 우리는 이 커다란 위기 앞에서 무엇을 할 것인가?

우선 현재의 생명과 존재의 위기를 받아들일 수 있는 어떤 삶의 태도 및 지혜가 필요하다. 체념, 분노, 우울, 허탈, 슬픔, 공포 등 익숙하고 손쉬운 부정적인 감정 상태들이 우리를 지배하고 그래서 우리를 한없이 무력하게 하겠지만, 삶이 계속되는 한 우리는 그와는 다르게 삶을 강하게 긍정할 지혜가 필요하다. 이 지혜는 '새로운 시대를 상상할 상상력과 스토리텔링'을 통해서만 자신의 모습을 드러낸다. 언어는 표상과 재현의 기능을 하지만 어떻게 표상하고 재현할 것인가는 미리 정해져 있지 않으며, 심지어 표상과 재현 그 이상도 가능하다. 그리고 우리는 이것을 오랜 역사 시기 동안 경험해 왔다. 압도적인 권력이 만들어내는 현실을 '살기 위해 어쩔 수 없다'면서 그대로 수용적으로 재현하는 이들, 체념적으로 복종하는 이들만큼 삶의 의지가 약한 자들도 없을 것이다. 친일파, 군부 정권의 앞잡이나 *끄나풀*들, 자본주의의 소시민들에게는 역사를 만들어낼 힘도 의지도 없었던 것처럼 말이다. 우리는 저항하면서 때로는 낙관적인 미래 사회를, 때로는 현재와는 다른 현실을 만들어내면서 다른 표상, 다른 세계를 살아내지 않았던가. '트러블의 시대'에 만들어낼 SF는 바로 이런 삶을 긍정하는 의지('힘에의 의지')의 표현이다.

둘째, 생명위기의 시대를 적극적으로 돌파할 태도와 지혜 역시 필요하다. 성장 중심의 산업자본주의 경제가 만들어낸 현재의 기후위기와 생물 멸종의 상황 속에서 대안은 "지구의 타자들과 함께" 새로운 관계를 만들어내는 일이다. 해러웨이는 이렇게 말한다. "우리는 다시 씨뿌리는 일뿐만이 아니라, 또한 씨앗을 싹틔우는 데 필요하며 발효시키고 열을 덥히고 영양분을 함유한 균 부산물 일체를 다시 접종할 필요가 있다. 회복은 여전히 가능하지만, 그것은 자연·문화·기술 및 유기체·언어·기계의 죽음의 분리를 넘어서 다종 연합을 이룰 때에만 가능하다."[32] 해러웨이는 어슐러 K. 르 귄(Ursula K. Le Guin)의 '캐리어 가방 이론'을 소개하면서 "세계 만들기"를 위해 공상소설과 자연문화적인 역사를 재구성하자고 말한다. 이를 위해서는 '이야기를 담을 가방', 전에는 함께 담아본 적이 없었던 우리 삶을 이루는 재료들을 한데 모으는 일, 머나먼 여행을 떠나기 위

---

32 Donna Haraway, *Staying with the Trouble*, pp. 117-118.

해 먹을거리와 놀잇거리, 새 옷, 물, 새로운 씨앗 등이 필요하다. "아주 약간의 물, 아주 약간의 씨앗을 담은 얇은 껍질의 곡선은 함께-되기의 이야기, 서로를 도우며 이끄는 이야기, 동반종(즉 자신의 살고 죽는 일이 이야기와 세계 만들기를 끝내지 않는)의 이야기를 제안한다. 껍질과 그물을 지닌 인간-되기, 부식토-되기, 땅-되기는 다른 모양 즉 뱀처럼 구불구불 움직이는 함께-되기의 모양을 가진다."[33]

지구온난화와 생물종 멸종의 시대를 넘어서고 극복하기 위해서 우리는 엔지니어, 기상학자, 생물학자만큼이나 '좋은 이야기꾼'이 되어야 한다. '신화', '동화', '공상과학소설', '동물우화' 등을 생산하는 이야기꾼 말이다. 우리에게 SF가 대안으로 여겨지는 이유는 SF(들)는 새로운 땅의 이야기를 만들어냄으로써 우리가 어울릴 친구와 동반자들을 다른 이미지로 그려낼 수 있는 힘이 있기 때문이다. 물론 이 이야기들에서도 많은 죽음이 있고, 트러블이 근본적으로 사라지는 것은 아니겠지만, 적어도 말하지 못한 자들, 대화가 불가능하다고 여겨지고 목소리가 없다고 간주되던 존재들(무수한 형태의 동물들, 식물들, 숲, 강, 바다)에게 목소리와 서사를 줌으로써 세계를 새로 만들어낼 수

---

[33] 같은 책, pp. 118-119.

있다는 점이다. "비인간중심적 차이에 응답하기 위해서 우리의 앎과 앎의 방식 일체를 의문에 부칠 필요가 있다."[34] 우리는 들리지 않는 생명의 소리, 무수한 존재가 만들어내는 아우성에 목소리를 줄 필요가 있다.

해러웨이는 『트러블과 함께하기』에서 여러 SF(들)를 만들어내는데, 여기서 자연과 생명과 기계, 과학 실험, 생명공학과 동물의 고통, 문명사회의 삶에 관한 이야기는 모두 '트러블의 시대'를 살아가는 무수한 존재들의 다양한 삶의 방식을 그려낸다. 가령 인간의 나방-되기는 어떤가? 온난화가 지속되면서 우리는 더 이상 거주할 공간이 없어진 인류의 운명을 생각할 필요가 있는데, 그것을 상상했을 때 지금까지의 생명공학을 우리의 몸에 적용할 수는 없는가? 치타처럼 빠르게 이동할 수 있는 존재가 된다면 어떨까? 돌고래처럼 바다에서 살아보는 것은 어떨까? 아니 새처럼 하늘을 날기 위해 날개를 이식하면 어떨까? 물론 식량 부족의 문제도 고려해야 한다. 작은 몸이 필요하고 이동이 자유로워야 하며 기존의 인간들과 잘 어울릴 수 있는 종이 필요하다. 손상된 지구에서 살아가기 위한 삶의 기술은 그와 같은 종의 변신에 대한 상상을 포함한다. 새로운

---

34 같은 책, p. 122.

생활 방식, 놀이 방식, 소통 방식, 애도 방식 등 많은 것이 필요할 때, 과학자나 엔지니어들을 이끌고 그들에게 실험의 목표를 설정하거나 상상하게 해주며, 새로운 윤리적 관계나 미래의 변화될 삶을 사유하도록 도울 수 있는 일은 공생적 협치를 이뤄내는 '이야기꾼들'의 몫이다. 해러웨이는 책을 이렇게 마무리 짓는다. "죽은 자의 대변인들은 그 무수한 기회주의적이고 위험하고 생성적인 공-산의 촉수들로 과거, 현재, 미래의 쏠루세(Chthulucene)의 에너지를 얻고 방출한다. 살 만한 세계, 번성하는 세계를 위해, 퇴비의 아이들은 타자들과 함께-되기라는 여러 겹의 기이한 실천을 중단하지 않을 것이다."[35] 그런 점에서 오늘날의 기후위기 시대는 기이한 실천을 행하는 이로서의 '죽은 자의 대변인', '새로운 씨를 뿌리는 이야기꾼과 이야기 가방'을 필요로 하며, 그것을 만들어낼 수 있는 힘은 공생적 협치에 있을 것이다.

---

35 도나 해러웨이, 『트러블과 함께하기』, 232쪽.

Climate Crisis
And Constitutive
Governance

4장

―

거버넌스의 사례들

유엔의 〈지속가능발전목표〉에서의 거버넌스

유엔의 〈지속가능발전목표(Sustainable Development Goals, 이하 SDGs)〉는 기후위기와 제3세계 기아와 빈곤, 여성 인권, 성평등 등을 망라하는 명실공히 가장 큰 국제 정책으로 자리 잡고 있다. 이는 '인류와 지구의 지속가능한 번영'이라는 기치 아래 기본적인 삶을 영위하는 선에서 최소한의 탄소 배출을 용인하는 방식으로 개발 원조를 통한 제3세계 모델이라는 특징을 갖고 있음에도 불구하고, 버젓이 제1세계의 목표가 되고 있다는 점에서 문제이다. 더불어 기후위기 상황에서 제3세계가 최대 피해자가 되는 상황에서 이에 대한 기후정의의 문제를 다루지 않고 SDGs를 다루기에는 한계가 있다. 또한 이상적인 모델이지만, 실지로 기후위기 현장에서 부닥치고 있는 기상 재난과 물 부족, 식량 위기 상황과 같은 현실적인 문제를 해결하기에는 무기력하다는 점이 드러나고 있다.

SDGs는 17개 목표 169개 세부 항목을 구체화하면서, 국제 사회에 대한 적용 범위가 넓은 거대 계획, 거대 프로그램으로 더욱 인정받고 있다. 세부 목차를 살펴보면 굉장히 꼼꼼하게 삶과 사회, 국가, 시장 전반에 대해서 다루고 있다는 점이 드러난다. 그럼에도 불구하고 이러한 거대 계획, 거대 프로그램이 온전히 실행되지 못한 이유에는 제1세계가 제3세계를 대하는 태도와 관련 있다. 다시 말해 위험의 외주화나 채굴과 추출 자본주의, 외부 효과 등을 통해서 제3세계를 이용하려고만 하면서도 SDGs를 빛깔 좋은 생태 근대화의 약속으로 삼고 있었기 때문이다. 제3세계의 입장에서는 기후정의에 따라 녹색 금융과 녹색 원조 등의 파격적인 지원이 이루어져야 하는 상황인데도, 개발 원조(ODA)는 늘 미약하게 지원되고 있으며, 개발 원조 프로그램의 세부 내용인 SDGs는 현실에 대한 적절한 대응이라고 볼 수 없는 상황이다.

SDGs는 레스터 브라운(Lester R. Brown)의 철학에 따라 "미래 세대의 필요와 욕구를 충족하는 한에서 현재의 기업 활동이나 소비"라는 역행적 시간관을 말하면서 미래 세대까지의 자원의 유한성에 대해서 지적했다.[1] 이는 로마클럽의 보고서인 『성장의 한계』(1972)에 입각해 자원, 부, 에너지가 유한하다는 테제를 받아들이면서 '성장(growths)와 구분되는 발전(development) 전략'이라는 화려한 수사 어구를 발휘한다.[2] 성장이 양적·실물적·외양적이라면, 발전은 질적·내포적·관여적이라고 말이다. 그런데 문제는 현실주의적 지속가능성의 논의가 현존 화석연료 기반의 사업을 유지하려는 논의로 작동한다는 것이다. 그렇기 때문에 전환의 필요성이 어느 때보다 중요해진 상황에서 SDGs는 보수적인 현존 질서 유지의 논리로 비화되어 버렸다. 어떤 혁신성도 선도성도 없게 된 SDGs는 보수적인 기후위기 대응에 대한 충직한 개로 전락해 있다.

SDGs는 〈새천년개발목표〉 이후로 국제 사회가 지속가능한 발전 목표로 진입하기 위해 함께 협력하고 연대했던 결과물이라고 할 수 있으며, 발전 전략이 갖고 있는 거대 계획, 거대 프로그램의 사상을 따르고 있다. 발전 전략은 뉴딜 정책과

---

[1] 이에 대해서는 레스터 브라운, 김윤성·조승헌·전한해원·박준식·조영탁 옮김, 『에코 이코노미: 지구를 살리는 새로운 경제학』, 도요새, 2003을 보라.

[2] 이에 대해서는 도넬라 H. 메도즈·데니스 L. 메도즈·요르겐 랜더스, 김병순 옮김, 『성장의 한계』, 갈라파고스, 2021를 보라.

같이 거대 인프라, 공공사업, 일자리 사업 등의 기반으로 작동한다. 그러나 현재 엄습한 기후위기 상황에서 SDGs는 녹색 성장과 어떤 차별성도 찾을 수 없게 되었다.

한국의 환경부는 SDGs의 국내 적용을 위한 연구, 개발, 협력에 힘써 왔고, 유엔의 기획은 더욱 한국 사회에 적용 가능한 지표로 재탄생했는데, 사실상 이러한 노력을 통해서 만들어놓은 지표는 책상 위의 공염불이 될 가능성이 높다. 보다 강력한 기후위기 변수를 다루지 않고 이상적인 모델을 구축하기 위해서 노력했기 때문이다. 더욱이 제3세계 개발 원조에 사용되어야 할 지표를 한국 사회에 적용하는 것은 일종의 선진국 반열에 오른 한국 사회의 책임을 회피하는 생태 근대화의 착시 효과라고 할 수 있다.

유엔 지속가능발전목표(UN SDGs) 17개 목표의 내용

목표 1: 모든 형태의 빈곤 종결

목표 2: 기아 해소, 식량 안보와 지속가능한 농업 발전

목표 3: 건강 보장과 모든 연령대 인구의 복지 증진

목표 4: 양질의 포괄적인 교육 제공과 평생 학습 기회 제공

목표 5: 양성평등 달성과 모든 여성과 여아의 역량 강화

목표 6: 물과 위생의 보장 및 지속가능한 관리

목표 7: 적정 가격의 지속가능한 에너지 제공

목표 8: 지속가능한 경제 성장 및 양질의 일자리와 고용 보장

목표 9: 사회기반시설 구축, 지속가능한 산업화 증진

목표 10: 국가 내, 국가 간의 불평등 해소

목표 11: 안전하고 복원력 있는 지속가능한 도시와 인간 거주

목표 12: 지속가능한 소비와 생산 패턴 보장

목표 13: 기후변화에 대한 영향 방지와 긴급 조치

목표 14: 해양, 바다, 해양 자원의 지속가능한 보존 노력

목표 15: 육지 생태계 보존과 삼림 보존, 사막화 방지, 생물 다양성 유지

목표 16: 평화적 · 포괄적 사회 증진, 모두가 접근 가능한 법 제도와 포괄적 행정 제도 확립

목표 17: 이 목표들의 이행 수단 강화와 기업 및 의회, 국가 간의 글로벌 파트너십 활성화

이러한 유엔의 SDGs를 보면 사회적 인프라와 공공성이 확보되지 않은 제3세계에 관련된 계획이라는 점은 삼척동자도 알 수 있다. 그러나 기후위기 상황에서 제1세계 내에 있는 한국 사회가 빠르게 전환을 협의하고 거버넌스를 작동시켜야 할

시점에서 한국 정부 등에서 SDGs를 채택하는 것은 기존 산업에 대한 방어적 논법을 작동시키려 SDGs를 활용하고 있다는 증거이다. 더욱이 한국 사회는 제3세계도 아닌데도 말이다.

한국의 지속가능발전목표의 기본 지표

2015년 환경부에서 채택한 〈국가지속가능발전목표(K-SDGs)〉의 항목을 살펴보면, 기후변화 교육이나 기후정의, 제3세계 기아 퇴치 등 2030년까지 달성해야 할 지속가능발전목표가 가진 각각의 항목이 있다. 이는 환경 교육을 통해서 미래 세대가 배워야 할 새로운 좌표가 되는데, 사실상 제3세계에 대한 결정적인 기후정의의 노력이 제1세계인 한국 사회에서의 탈성장에 달려 있다는 점을 함의한다. 문제는 기존 산업을 유지하고 지속가능하게 하는 원리로 SDGs가 활용되고 있다는 점이다.

기후위기 정책이 전무하다시피 했던 윤석열 정부는 말할 것도 없거니와, 그나마 기후위기 대응을 고민한다고 자신하던 문재인 정부에서도 사정은 거의 다르지 않았다. 가령 SDGs는 문재인 정부에서 내건 '포용국가'라는 정책 방향과 맞물려 뉴딜 정책 중 하나의 항목으로 자리 잡아 새로운 발전의 목표로 추진된 바 있었다. 그런데 포용국가라는 이름으로 행해지는 국가 기획은 자국 내 불평등과 기후정의의 문제로 제한되어 있는데, 이는 제1세계와 제3세계 간의 격차 해소를 위한 대대적인 녹색 금융이나 녹색 원조를 제외한 상태에서 진행되는 것이다. 더욱이 그린 뉴딜이나 포용국가는 사실상 디지털 뉴딜이라는 이름으로 행해지는 '플랫폼 자본주의'로 진입하기 위한 들러리에 불과했다는 점이 차후에 상당 부분 드러났다. 그린 뉴딜은 예산 사업으로 전락했고, 포용국가 전략은 곧 누락되었다. 라이프라인과 공공 인프라가 잘 된 한국 사회의 현실에서 허울뿐인 슬로건에 불과했기 때문이다.

물론 당시에 여러 워크숍과 프로젝트 등이 진행되기는 했다. 환경부 차원에서 이해당사자 그룹 간의 사회적 합의와 공론장의 조성 단계로 지속가능발전목표가 수행되었다. 그러나 여기에는 가장 중요한 부분이 빠져 있는데, 바로 기후정의, 녹색전환, 탈성장과 같이 기후 불평등 해소, 사회경제적 약자들에 대한 지원책, 성장을 중심에 두지 않는 대안적 체제를 지향하는 키워드가 누락되어 있다. 이러한 상태에서 진행되는 이해당사자 간의 워크숍은 성과주의에 기반한 기존의 연례행사를 별다른 차이 없이 반복하는 것에 불과할 것이다. 결국 환경부 산하의 녹색성장위원회와 지속가능발전위원회 간의 차이는 거의 없다고 봐도 무방할 정도다. 그저 성과주의를 빛내고 현존 질서를 유지하기 위한 빛 좋은 개살구에 불과했다.

윤석열 정부의 환경부는 더욱 심했다. 그들은 비록 지속가능발전 목표라는 기본 기조를 유지하긴 했으나 그 실행은 한층 더 퇴행적인 방식으로 이어갔기 때문이다. 이를테면 기후위기 해결을 위한 친환경 정책이라는 이름으로 핵발전을 전면에 내세우면서 구시대적인 성장주의·개발주의적 정책을 불도저처럼 밀어붙임으로써 시민 단체들과 심각한 대립각을 세웠다. 마침내 각종 시민 단체에 소속된 민·관환경정책협의회 위원들은 환경 보전 의무를 망각한 정부와 더 이상의 협의가 불가능하다고 판단, 공식적인 협의회 참여 중단을 선언하기에 이르렀다.

결국 윤석열 정부는 시민사회 단체들과의 소통을 끊고 지원을 중단하는 등 불화를 넘어 시민사회 단체를 탄압과 통제의 대상으로 전환함으로써 그나마 형식적인 이름으로 유지되었던 협치조차 사라져 버렸다.

녹색서울시민위원회에서의 거버넌스와 좌절의 시절

박원순 전 서울시장 재임 시기 서울시에서 대표적인 거버넌스로 꼽히던 녹색서울시민위원회는 위원 수 100명, 임기 2년으로 구성되어 「서울특별시 녹색서울시민위원회 설치 및 운영 조례」를 기반으로 작동했다. 그 내부 거버넌스의 분과위원회의 구성은 ① 서울행동21실천분과위원회, ② 지속가능발전분과위원회, ③ 서울기후행동분과위원회, ④ 환경교육분과위원회 등으로 이루어졌다. 사업 내용으로는 각종 회의와 환경이슈 포럼, 워크숍, 민관 협력 환경 행사, 환경 보전과 시민 실천 가이드 홍보물 제작 등이 있다. 서울시 환경 거버넌스는 기후위기와 기후정의, 탈성장, 녹색전환 등의 키워드보다 이전의 어젠다에 머물러 있다. 서울시의 문제점은 시민사회로부터 아래로부터의 협치를 그대로 끌어안아 문제를 해결한 것이 아니라, 그 시민사회의 유력 인사들을 씨앗 빼먹기 하고 '어공(어쩌다 공무원)'으로 앉힘으로써 어젠다 자체를 시 행정으로 이식하려는 거버넌스의 왜곡이 있었다는 점에 있다. 이는 보다 혁신적이고 선도적인 어젠다와 관련된 끊임없는 탐색과 실천적인 노력이 필요한 상황에서 시민사회 기반을 포섭하고 그 기반으로 시 행정을 하려고 했던 위로부터의 거버넌스의 전략으로 보인다.

후임 시장이 들어선 2021년 이후 진행된 서울시의 거버넌스 상황은 더욱 심각했다. 거버넌스 관련 부서에 대한 대대적인 예산 감축과 함께 주요 인물에 대한 인사이동을 통해 기존의 거버넌스가 원활하게 작동하지 않게끔 오히려 적극적으로 방해하는 모습을 보이고 있다. 이 때문에 2021년 12월 25일 서울시청 앞에서는 뜻있는 시민 수천 명이 촛불시위를 벌이기도 했다. 그리고 그 이후 등장한 오세훈 시장의 서울시는 협치를 퍼주기 사업으로 간주하는 현실 진단의 미숙함과 시민사회를 배제하는 전략을 통해서 도시 재개발과 토건 사업이라는 성장주의의 괴물을 복원하려고 매진했다. 우리가 생각하는 위로부터의 거버넌스의 한계를 넘어선 아래로부터의 거버넌스로의 전환의 길이 아니라, 관치와 통치, 법치라는 낡은 괴물이 되살아나는 끔찍한 상황이 2025년 현재 시점까지 서울시에서 벌어지는 실정이다. 사람들이 값비싼 차나 집(연료를 많이 소모하면서 엄청난 탄소를 배출하는)을 자랑하며 자신의 부를 과시하고 그것을 부러워하는 것이 자연스럽게 받아들여지는 오늘날의 상황은 자본주의 및 성장주의 사회가 낳은 한 단면일 것이다. 이러한 사회에서는 필연적으로 생명은 화폐보다 낮은 가치로 매겨지며, 화폐가 모든 중요한 결정의 가장 중요한 기준이 된다. 바로 이것이 겉으로는 "상생 도시·글로벌 선도 도시·안심 도시·미래 감성 도시"를 미래 목표로 내세우지만 실제로는 어떠한 상생도, 어떠한 안심도 존재하지 않는 오세훈 시장의 서울시가 지향하는 미래 도시 계획의 모습이다.

케이트 레이워스의 도넛 경제학의 구도

케이트 레이워스(Kate Raworth)의 『도넛 경제학』[3]에서 사회적 기초에 해당하는 내부 항목이 거버넌스의 대상이다. 일단 생태적 한계로서 바깥 면과 사회적 기초로서 안쪽 면 사이에서 인간의 경제 활동이 이루어져야 한다는 저자의 주장과 함께, 사회적 필요와 욕구의 기반이라고 할 수 있는 사회적 기초의 항목들을 알 수 있다. 여기서 인간의 존엄성을 지키는 사회적 필요의 안쪽 면은 ① 평화와 정의, ② 소득과 일자리, ③ 교육, ④ 보건, ⑤ 식량, ⑥ 물, ⑦ 에너지, ⑧ 각종 네트워크, ⑨ 주거, ⑩ 성평등, ⑪ 사회적 공평성, ⑫ 정치적 발언권이며, 목표는 균형으로 찾아가는 안전하고 정의로운 세계이다.

케이트 레이워스는 요한 록스트룀의 『지구 한계 경계에서』[4]의 논의를 적극적으로 받아들여 생태적 한계라는 바깥 면을 설립했다. 더불어 여러 가지 지표 중에서 가장 필수적인 사

---

[3] 케이트 레이워스, 홍기빈 옮김, 『도넛 경제학』, 학고재, 2018.
[4] 요한 록스트룀, 마티아스 클룸, 김홍옥 옮김, 『지구 한계의 경계에서』, 에코리브르, 2017.

회적 기초의 지표를 안쪽 면에 집어넣었다. 도넛 경제학은 수요와 공급 곡선과 같이 그림으로 단박에 깨달을 수 있는 우리의 현재 상황을 드러내 보인다. 더 이상 성장주의가 불가능해진 제1세계의 상황과 더 이상 희생할 수 없는 제3세계의 상황을 동시에 드러낸다. 거버넌스는 분명한 한계의 가운데 부분에서 협상하고 타협하고 조정해야 하는 민관 협력의 영역이다. 그러한 지점에서 보자면 명백히 제1세계에서는 탈성장과 기후정의, 녹색전환이 전면화되어야 할 상황이다. 도넛 안쪽 면 부분에 미치지 못하는 제3세계 민중들에게 허리띠를 졸라매라고 하는 것은 바로 죽으라는 선언과 다름없기 때문이다.

녹색도시: 파리의 15분 도시

녹색도시의 상으로는 지역 순환의 도시, 기후위기 교육과 대응의 도시, 재난 시 돌봄이 가능한 도시, 에너지 자립 마을 도시, 15분 도시, 도시농업의 도시 등이 있다. 그중 생태주의자 안 이달고(Anne Hidalgo)가 파리의 시장이 된 후 추진한 15분 도시(La ville du quart d'heure)는 일자리, 도시 계획, 지역 살림, 에너지 인프라, 운송/수송 수단 등을 집약함으로써 탄소 감축에 도

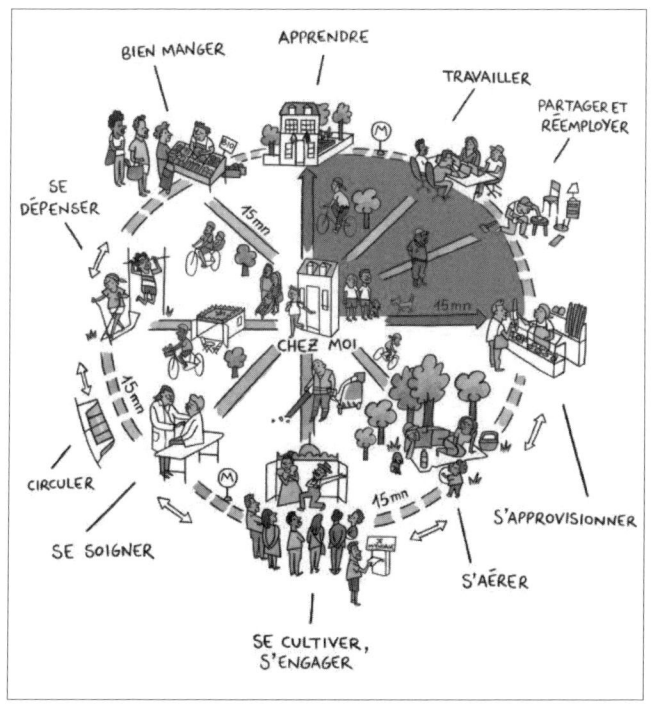

파리의 15분 도시.

움이 되고, 기후위기에 대한 대응을 할 수 있는 도시 정책임이 명확히 드러났다. 시내에서는 자동차를 사용하기 어렵게 하기 위해서 대부분의 주차장을 없애거나 주차비를 턱없이 높이는 정책을 시행한다. 이에 따라 시민들은 자전거나 도보로 이동할

4장 | 거버넌스의 사례들 237

수 있는 15분 거리 내에서 기본적인 사회 서비스에 접근하면서 일거리와 살림이 가능한 물리적이고 도시사회적인 현실을 빠르게 만들어냈다. 이는 대기 오염과 통근 시간을 줄여 파리 시민의 삶의 질을 전반적으로 향상시키고, 파리시의 2050 탄소 중립 목표 달성을 지원하는 것을 목표로 한 것이었다.

그러나 후유증이 없는 것은 아니다. 돌연 파리 근교에 건설 붐이 일었고, 위성 도시가 추가될 예정이다. 다시 말해 강력한 15분 도시 정책이 오히려 건설 산업으로의 자본의 유출을 낳은 것이다. 그럼에도 불구하고 안 이달고 시장이 펼친 15분 도시 정책은 도시 정책에서의 거버넌스가 어떤 형태여야 하는지를 잘 보여주는 사례라고 할 수 있다. 그는 부서 이름조차도 생활 속에서 필요한 것만을 꼽았으며, 거버넌스를 통해서 민관 협력의 장을 열었다. 불필요한 탁상행정과 칸막이 행정이 아니라, 종합적인 삶의 문제를 해결할 수 있도록 시정 거버넌스를 구체화했다. 이에 따라 생태주의자들의 거버넌스 전략이 어떠한 것이어야 하는지를 잘 보여주는 사례라고 할 수 있다.

고베생협과 지역 생협의 위기 시 대응 방법

1995년 고베시를 덮친 대지진은 고베 시민의 삶의 터전인 도시의 도로와 항만, 인프라 시설, 생계를 위한 먹거리 유통망 등 모든 것을 파괴했다. 심지어 먹고 마시고 추위를 피할 수 있는 구호물자조차도 조달이 어려웠기 때문에 시민들은 추위와 배고픔 속에서 떨어야 했다. 그러나 공공 영역 즉, 관치의 영역은 심각한 기능 정지 상황에 직면하게 되었다. 시민들 사이에서는 누가 먼저 그 일을 해낼 것인지가 관건이었지만, 잠시 동안의 침묵과 더불어 색다른 주체성 생산의 가능성이 열리기 시작했다.

바로 코프고베(이하 고베생협)라는 지역 생협 조합원들이 바로 그 일을 해낼 사람으로 재탄생한 것이다. 다시 말해서 조합원들이 배낭에 물과 구호품을 넣고 험준한 산을 넘어 고베 시민들에게 그것들을 전달하는 인해전술을 편 것이다. 이러한 주체성 생산은 조합원들이 너도나도 하겠다고 나서는 상황으로 나타났다. 다시 말해서 마트, 편의점, 관공서, 백화점 등이 모두 문을 닫고 기능 정지된 상황에서 고베생협이 나선 것이다. 많은 사람들이 그 이유에 대해서 궁금해했고 협동조합 내부에는 사업체 이외에도 결사체가 있어서 재난의 상황이나 위기 상황

고베 생협의 매장 모습.

에 강렬하게 대응할 수 있는 관계망이 있다는 점에 주목하게 되었다. 일본의 대석학 가라타니 고진의 경우에는 이 결사체를 어소시에이션(association)이라는 개념으로 표현하면서, 동질적인 공동체의 영역을 넘어선 결사체로서의 미래적인 관계망으로 간주한다.[5]

물론 고베생협은 효고현(주도 고베시) 2015년 기준 160여만 명의 조합원(효고현 인구 557만 명, 고베시 인구 155만 명)으로 단위 생

---

5 이에 대해서는 가라타니 고진, 조영일 옮김, 『제국의 구조』, 도서출판b, 2016을 보라.

협으로는 세계 최대 규모라는 점 역시 결사체가 활약할 수 있는 기반이 되었다고 할 수 있다. 그리고 전 세계는 협동조합의 결사체가 위기에 강할 수 있다는 점에서 재난 시의 사회적 경제의 역할에 대한 상상력으로 나아갔다. 그 흐름은 한국에도 도달하여, 2018년 3월 6일 행정안전부는 재난으로 피해를 본 이재민에게 신속한 구호 활동이 이뤄질 수 있도록 한국 사회적기업중앙협의회 등 12개 사회적 경제 관련 기관 및 단체와 재난 수습 분야 업무 협약을 체결했다.

그것은 구성적 협치가 위기에 강하다는 것을, 다시 말해 아래로부터의 협치가 자본이나 국가가 공백 상태에 처했을 때 빠르고 유효한 대책을 실행할 수 있는 유일한 대안이라는 것을 보여주었다. 이는 관계망들의 자치적 협동 능력이 위기 시에 어떤 힘을 발휘할 수 있는지를 확인시켜 주는 결정적인 사건이었다. 우리는 마을 공동체나 이에 기반한 생활협동조합이 머지않은 시간에 발생할(그리고 세계의 일부 지역에서 현재 발생하고 있는) 기후재난 속에서 어떤 형태로 변신해 그 순간 필요한 주체성을 생산해 낼 수 있을지 그 가능성에 주목하고 싶다. 다시 말해서 위기와 재난이 발생하는 곳에서는 개인이 아닌 협동적 관계망이 필요하며, 그러한 관계망은 각 개인의 생존을 보장해 줄 수 있으며 그만큼 회복탄력성을 발현할 수 있다는 점, 그리고 그러한 관계망이 적극적으로 가동될 때만 위기 대응의 판을 짤 수 있다는 점, 마지막으로 위기에 대응하는 과정에서 그것을 실현할 주체성을 생산해 낼 수 있다는 점에 주목하고 싶다. 그런 점에서 고베생협이 보여준 것은 위기 속에서는 강력한 협동적 연결망만이 자기 보존의 지속성을 유지할 수 있다는 점이다. 스피노자의 언어를 잠시 빌리자면, 이렇게 자기보존이 집단적으로 지속되는 한, 그 관계 안에서 살아가는 삶은 영원하다. 결사체 기반의 주체성 활동은 고베생협의 형태로 그 가능성과 잠재력의 일단을 보여주었다. 구성적 협치의 잠재력은 이렇게 협치에 참여하는 모든 존재의 생명력을 고도로 활성화시키며 경쟁과 각자도생의 원리가 잠식하고 있는 현재의 질서를 넘어설 가능성을 지닌다. 경쟁과 각자도생이 구성을 이뤄낼 타인의 몸을 딛고 일어서는 개체의 자기보존에 한정되고 그래서 고립된 개체들을 생산하는 방향을 향하는 것과 달리, 아래로부터의 협치는 구성을 이뤄낼 타인을 자기 몸의 일부로 간주하면서 함께 생존하는 방향으로 나아가며 그만큼 더 다양한 삶의 가능성을 열어낼 수 있기 때문이다. 구성적 협치가 위기에 강한 것은 바로 이러한 다양하고 넓은 삶의 지대를 보존하면서 더 강력한 힘을 발현할 조건을 유지한다는 점에 있다.

초대형 허리케인 윌마에 대한 쿠바의 대처

 높은 지대가 거의 없는 쿠바는 물밀듯이 밀려드는 바닷물에 모두 순식간에 노출되는 특징을 보인다. 그렇기 때문에 사람들은 기후재난의 일종인 초대형 허리케인이 다가온다면, 쿠바가 가장 직접적이고 즉각적인 피해를 입을 수밖에 없다고 생각하게 된다. 그런데 실제 상황에서는 정반대의 결과가 나타났다. 허리케인 윌마가 쿠바를 향해 경로를 바꾸고 다가올 때, 민방위대 등의 구조대들이 일사불란하게 움직임과 동시에 사이렌 소리를 듣고 수만 명의 마을 주민들이 장애인, 아이, 노인 등을 높은 지대로 대피시켰다. 여기에는 온갖 탈 것과 수레, 자동차, 자전거가 동원되었다.

 민방위대와 주민들과의 협치가 즉각적으로 이루어진 이유는 무엇일까? 바로 쿠바 주민들 사이에서 서로 돕는 관계가 살아 있기 때문에 마을 사람들이 누구를 대피시켜야 하는지에 대해서 미리 숙지하고 있었다는 점을 들 수 있다. 장애인, 아이, 노인 등 거동이 불편한 이들 중 마을 사람들의 시선 밖에 있는 사람은 아무도 없었다. 동시에 도시의 잉여처럼 거리를 어슬렁거리던 사람들이, 온갖 탈 것을 동원하여 노약자들을 높은 지대로 대피시켰던 장본인이기도 하다. 사람들의 합심과 최선을 다한 노력은 사망자 0명이라는 새로운 기록을 남겼다. 그것이 가능했던 이유는 마을 단위의 공동체적 관계가 살아 있고, 마을 주민 전체가 민방위대 및 군대와 혼연일체가 되어 움직였기 때문이다.

이에 비해 미국 플로리다 주의 경우에는 기존의 재난 통제 모델에 입각하여 윌마에 대처하다가 많은 인명 피해를 입게 되었다. 당시 기록에 의하면 미국을 비롯한 중남미 지역에서 약 4,500명이 사망했다고 한다. 소방 당국이나 재난 통제 당국이 움직이기를 기다리는 주민들의 수동적인 태도가 피해를 크게 만들었던 것이다. 쿠바에서는 마을 공동체의 자구책 마련과 자율적인 구조 활동이 있었다면, 미국의 플로리다 주민들은 수동적인 개인들과 기능 분화된 효율적인 대처를 중심으로 한 당국의 대처가 만나 피해를 높인 것이다. 그것은 민관 협치가 얼마나 위기에 강할 수 있다는 것을 여실히 보여준 또 하나의 사례라고 할 수 있다.

Climate Crisis
And Constitutive
Governance

5장

기후재난에서의 자원 관리의 협치

재난 시 가용 자원의 여부

재난 상황이 닥쳐왔을 때 우리 사회가 동원할 수 있는 가용 자원은 얼마나 될까? 평상시에 원거리에서 유통되어 빠르게 소비되는 자원은 생산 및 공급망이 안정적으로 유지되지 않는 재난 상황에서는 사실상 큰 역할을 하지 못할 것이다. 단적인 예로, 지난 2020년 코로나19 확산으로 인해 대구·경북 지역에 비상사태가 선언되고 자택 격리 상태에서 택배 주문이 폭주하면서 장기간 지속된 배송 마비 사태를 상기해 봐도 좋을 것이다. 뿐만 아니라 택배 회사나 운송 노조의 파업만으로도 충분히 큰 타격을 받는 것이 현재 우리 사회의 물류 시스템이다. 이처럼 일상적인 물류의 유통이나 공급이 멈추었을 때를 대비해, 지역 공동체와 주민자치회 등이 가용 가능한 자원들에 대해서 미리 업무 협약이나 MOU를 체결할 필요가 있다. 이를테면 주민자치회가 유사시 배급 라인으로 관내 시설, 병원, 학교, 가게 등과의 업무 협약을 맺는 것이다. 특히 식량 위기의 상황에서는 일정한 통제하에서 이뤄지는 배급을 피할 수 없기 때문에, 더 섬세하게 시설, 학교, 기업 등의 조리실과 같은 가용 공간을 확보할 필요가 있으며, 비상시의 메뉴와 배식 과정 등에 대한 항목을 미리 정리해야 할 것이다. 동시에 일정량의 먹거리가 확보된 푸드뱅크를 주민자치회에서 관리하게 함으로써 재난 상황에서 먹거리의 부족과 결핍에 발 빠르게 대처해야 할 것이다. 또한 가령 예전에 우물이 있었던 공간에 대한 역사적인 문헌 검토를 실행해 식량 위기의 상황에서 사용할 수 있는 식수 공급원을 복원하는 것도 필요하다. 그리고 비상시 노약자나 사회적 약자 등을 실어 나르기 위해서 마을버스와 같은 이동 수단을 운영할 수 있는 협약도 미리 체결될 필요가 있다.

더 나아가 각 동의 주민자치회는 민관이 협력하여 가용할 수 있는 지역 자원에 대한 목록을 미리 준비할 필요가 있다. 가령 식량 조달이 어려운 상황에서는 생존에 필요한 최소 열량을 제공할 에너지 바, 비스킷, 라면, 육포 등을 갖춘 푸드뱅크가 필요하며, 이러한 먹거리를 수급할 푸드 시스템에는 생활협동조합, 마트, 편의점, 배달 플랫폼, 택배 등의 다양한 경로가 마련되어야 한다. 식량 위기 상황에서 푸드 시스템을 가동하는 데 있어 핵심은 ① 신속한 배식, ② 식사 대용품의 상시 구비, ③ 푸드라인을 유지할 수 있는 안정적인 유통망 확보, ④ 지역·연령·계급·신분에 차등을 두지 않는 먹거리 민주주의, ⑤ 소수의 독점이 아닌 여러 경우의 수의 탄력성 등을 망라할 수 있을 것이다.

또한 일상적 관리가 이루어지는 시설, 자원, 인력에 배치와 재배치를 통해 가용 자원에 대한 활용을 극대화해야 할 것이다. 기후재난이나 비상 상황에 대한 대응 방법으로, 소방 당국이나 재난 구조 인력이 오기를 수동적으로 기다리는 것이 아니라 학교, 종교 시설, 노인 복지 시설, 장애인 시설, 지역 내 생협, 지역 내 복합 문화 공간, 편의점 네트워크 등을 활용한 가용 인력이 적극적으로 확보되어야 하기 때문이다. 그런 점에서 민방위 훈련과 같은 지역의 대응 체계에서 핵심적 부분을 주민자치회가 주관함으로써, 지역 차원의 위기에 대응할 당사자성과 직접성이 담보되어야 할 것이다. 우리가 생각하기에 재난 상황에서 라이프라인의 작동 여부를 주관해야 하는 곳은 공공기관이 아니라, 식료품, 물, 전기, 가스, 오폐수 시설, 도로, 냉

난방기, 화장실 등에 대한 접근성을 높일 수 있는 시민비상상황실과 같은 주민자치위원회이다. 그것이 재난 상황에서 벌어질 여러 가지 변수에 더 발 빠르게 대응할 수 있고 더 세밀한 지원을 실질적으로 해낼 수 있기 때문인데, 우리는 이러한 대응 체계가 오늘날의 기후위기에는 더욱 필요하다고 생각한다. 오늘날의 기후위기는 어떤 특정 세력이나 기관, 단체가 단독으로 그 해법을 제시할 수 없고, 오로지 미시적 차원에서 작동하는 민주적 협치만이 위기에 대응하는 효과적인 해법이 될 수 있다.

재난 시 푸드플랜과 도시농업

재난 상황에서 결코 간과할 수 없는 중요한 문제 중 하나가 바로 먹거리이다. 최소 열량을 보장하는 재난 식료품의 제공, 푸드뱅크로 쓰일 수 있는 시설물 확보, 다양한 먹거리의 확충 및 조달 등이 식량 위기의 대응 계획에 포함되어야 한다. 지난 2020년 코로나19로 인한 팬데믹 상황에서 부족한 마스크를 공평하게 공급하기 위해 실시했던 마스크 배급제처럼 먹거리에 대한 배급이 필요한데, 그런 점에서 미리 고려되어야 할 것을 현실에서 구현할 수 있도록 일정한 매뉴얼을 미리 준비해 두어야 한다는 점이다. 연료가 없는 상황에서의 조리 및 요리법에 대한 연구, 생명 지속의 가장 핵심적인 영양분에 대한 조사, 가능한 먹거리를 제공할 방법, 다양한 조리법 등 이러한 매뉴얼이 실행되기 위해서 필요한 것은 도시와 농촌을 연결하는 도농 교류 형태의 지역 간 자매결연, 농업 중심의 전환 플랜이 선행되어야 한다. 이는 지역의 먹거리와 농산물을 도시로 연결하고 도시는 농촌에 농업 생산에 필요한 에너지와 자원을 지원하는 방식으로 진행될 것이다. 도농 교류의 과정은 공동체지원농업(Community Supported Agriculture, 이하 CSA)에서의 여러 가지 프로그램들, 가령 상자 꾸러미, 조각 투자 개념의 계약 재배, 농업 현장에서의 농활 활동, 작은 추수철의 축제들, 체험 행사와 공통의 문화 만들기 등을 개발함으로써 실질적인 강한 상호작용의 CSA가 되도록 해야 하며, 그런 점에서 지역 생협과 사회적 경제의 역할을 강화하는 것은 중요하다.

만약 도농 교류를 위한 이동 수단과 수송 수단의 결여라는 난관에 봉착했을 경우, 도시농업을 통한 먹거리 수급안에 대한 시뮬레이션이 필요하다. 도시농업의 범위에서 우선적으로 하천 및 강 옆의 가능 부지 면적의 최대치를 도시 인구에 비례해 배치할 필요성이 여기서 제기된다. 그런 점에서 현재와 같이 예산을 편성받기 위해 멀쩡한 아스팔트를 반복해서 갈아엎는 전시 행정의 자리를 도시농업으로 구현할 계획이 필요하다. 도시농업은 도심 건물, 아파트, 학교 부지, 옥상, 상자 텃밭 등을 활용하여 흙이 있는 광범위한 부지 확보가 중요하다. 위기 시에는 소비보다 농업 생산이 훨씬 더 중요해지기 때문이다. 또한 마트, 편의점, 재래시장, 생활협동조합, 상자 꾸러미, 도농 교류, 물품 교환 등이 여러 가지 경우의 수로 고려될 필요가 있다. 이와 함께 식료품에 대한 조리 방법과 콘텐츠, 조리 도구 등을 미리 확보해 두는 것 역시 식생활의 탄력성을 높이는 방법일 것이다.

라이프라인이 끊겼을 때의 회복탄력성

라이프라인을 고려하는 것은 생존을 위한 필수적 인프라가 어느 정도 갖춰져 있는지를 판가름하기 위함이다. 하지만 이러한 라이프라인이 재난 상황에서 가동되지 않을 경우, 이를 대신할 수단을 다양하게 확보할 필요가 있다. 가령 물 부족 상황에서 물을 수집할 기구를 갖추고, 기상 예측의 정확도를 높이며, 가용 식수가 될 지하수의 위치를 정확히 파악하는 것 등은 주민의 생존을 보장할 핵심적 정보가 될 것이다. 이미 이스라

엘 등에서는 물 수집기 자체를 활용한 농업이 실행 중이고, 이를 효과적으로 운영하면서 물 부족에 대처하고 있다.

동시에 가스, 전기, 연료의 단절 상황에 대한 대응 방안도 필요하다. 실제로 러시아-우크라이나 전쟁 이후 가스 공급 라인이 파괴되자 유럽 각국은 에너지 공급에 어려움을 겪었는데, 다른 사회적 설비 등의 가동과도 연결되어 있어 그 대안이 마련되지 않은 지역의 경제가 급격히 위태로워지기도 했다. 그런 점에서 집광판을 이용한 태양열 설비가 각 가정에 미리 갖춰질 필요가 있는데, 이는 재생에너지로의 전환과도 맞닿아 있기에 현재 상황에서도 미리 실행하는 것이 좋을 것이다. 또한 지역별로 재생에너지 시설물을 미리 확보해 둠으로써, 식량 수급에 어려움을 겪을 때를 대비할 필요가 있으며, 그와 더불어 야외 화장실, 위생 시설 등을 갖춘 지역대피소 운영 등에 대한 매뉴얼과 준비 과정 역시 필요하다. 이처럼 비상 라이프라인은 직접적인 문제 해결의 방법 이상으로, 그러한 문제를 해결할 우회로를 탄력적으로 갖추는 것이 중요한데, 이는 현재 진행 중인 여러 민관 협력에서도 긴급하게 고려할 만한 사항이어야 한다.

재난 시 돌봄

재난 시에는 생존을 보조하는 것 이상으로 돌봄의 역할이 중요하다. 돌봄의 분포별 종류에는 다음과 같은 것이 있다. ① 돌봄 모듈(2-3인 단위의 결사체적 돌봄 관계망)의 근접 거리 돌봄, ② 컨비비움(convivium, 2-3인 단위의 공생공락 단위)의 근접 거리 돌봄, ③ 네트워크 관계망에 따른 원거리 및 근접 거리 돌봄, ④ 10-20인 단위의 커뮤니티 단위에서의 근접 거리 돌봄, ⑤ 간(間)공동체적인 사회적 관계망에서의 돌봄, ⑥ 무차별 사회에서의 돌봄의 우발적 발생, ⑦ 자기관리, 자기통치, 자기계발 등의 자기에 대한 배려로서의 자기 돌봄(미디어, 살림, 시간 관리, 인맥 관리, 네트워크 등) 등. 문제가 되는 것은 현재와 같이 시장화된 돌봄은 재난 상황에 대해서 적극적 대응을 하기 어렵다는 점이다. 돌봄을 시장에 맡기기보다는 공공 영역이 재정과 자원을 지원하고, 실질적인 돌봄은 공동체가 담당하는 것이 기후재난에서 돌봄의 가능한 형태일 것이다. 돌봄의 시장화를 통해 만들어진 질 나쁜 일자리들에 의존하기보다, 돌봄의 사회화를 구체화해야 할 사회적 경제의 역할과 역량을 강화하는 형태 말이다.

재난 시 돌봄의 형태로는 모심, 살림, 보살핌, 섬김, 살림과 같이 스튜어드십이나 서번트 리더십이라 불리는 집사 노동이 유효하다. 낯선 사람들과 급속한 친밀함을 형성해야 하면서도 혈연 중심의 가족 체계와는 달리 동등한 동료로서 서로를 존중하는 관계를 형성하는 데 '집사'의 관점을 갖는 것이 효과적이기 때문이다. 나아가 돌봄 위기에 처한 사람들에 대해 협력할 수 있는 마을의 기관들을 점검할 필요가 있으며, 공동체 돌봄에 입각한 사회적 경제의 네트워크들을 빠르게 연결할 연결망을 확립하는 것도 필요하다. 공공 영역에서의 협력을 통해서 요양원, 요양병원, 장애인 시설, 보육 시설 등의 돌봄 시설들이 위기 시에 어떻게 공동체 돌봄과 함께 동조화될 것인가도 설계해 두어야 할 것이다. 물론 하나의 돌봄 형태가 모든 것을 해결해 낼 수 없다. 돌봄 형태의 교차적 적용은 공동체, 돌봄 노동자, 가족 및 친구, 이웃, 공공 영역에서의 돌봄(학교, 감옥, 군대, 병원, 시설) 등을 망라한다. 그런 점에서 가족공동체조차도 위기 시 살림의 분담과 관련된 생활 속 민주주의로 정착되어야 한다. 동반가족제도에서 말하는 재난 시 모듈(module)화될 수 있는 친구 및 가족(2-3인 단위 강한 결속)에 대한 제도와 정책을 민관 협력으로 만들어놓을 필요도 있다.

재난 시 민회로서의 주민자치회의 역할

기후재난이나 기후 붕괴와 같은 위기 시에는 시민들 스스로가 공론장으로서 기존 평시에 작동하던 주민자치회, 민회, 동아리, 학습 모임, 수다 모임 등을 긴급하게 민회로 전환할 필요성이 제기된다. 다시 말해 문제 해결형 공론장은 미리 주어진 형태로 있는 것이 아니라, 기존 모임들의 의사결정 구조로의 전환과 변이, 이행, 횡단을 통해 확립되어야 한다. 위기 시에는 형식적 거버넌스에 머물던 주민자치회가 사실상 실질적이고 구체적인 거버넌스의 기반이 되어야 한다는 요청을 받게 될 것이다. 그런 점에서 우리는 위기 시에 어떻게 생태민주주의가 형성되는지에 대한 경로와 형태를 모색하고 시뮬레이션해야 할 것이다. 이를 위해 위기 시 여러 잉여 인력을 정확히 필요한 곳에 연결할 수 있는 연락망 체계는 중요하다.

우리는 일자리 부족에서 비롯된 잉여 인간의 다량 생산이라는 현재의 현실이 (그러한 문제가 사람들의 생계를 위협하기에 반드시 해소되어야 하는 것과는 별개로) 역설적으로 재난 시에는 가장 중요한 사회적 생산자를 만드는 기반이 될 것이라고 생각한다. 쿠바의 공동체들이 보여준 바 있듯이, 거리를 어슬렁거리는 잉여 주민들이 재난 속에서는 서로를 돌보고, 긴급 공급망을 형성하는 중요한 인간 자원으로 기능하기도 한다. 하지만 이것은 자연발생적으로 일어나는 우발적 현상으로만 볼 수는 없다. 쿠바의 잉여 주민들이 재난 상황에서 자기의 이익에만 몰두하는 사람들이 아니라 공동체 구성원들의 생명을 돌보는 집사이자 연결자로 기능할 수 있었던 것은 오랜 시간 공동체 구성원들과 유대관계를 쌓아온 것에 기인한다. 우리가 모든 시민을 대상으로 한 민주시민교육이 필요하다고 느끼는 것은 그것이 시민 개개인의 시민적 역량을 길러준다는 측면만이 아니라, 바로 이처럼 집단의 교육과정에서 축적되는 유대관계의 강화를 꾀할 수 있다고 기대하기 때문이다.

시장의 많은 교육기관들이 주로 취업이나 개인적 성공을 목표로 사람들을 길러내는 것과 달리 공동체를 사랑하고, 그 안에서 타인을 돌볼 수 있는 윤리적 태도를 가진 사람들을 길러내는 교육, 그리고 그 과정에서 끈끈한 유대관계를 형성할 수 있는 교육, 그런 것이 우리가 생각하는 민주시민교육의 상이며 위기 시에 사회 전체의 생명을 보호할 잠재력을 배양시킬 것이다. 민주시민교육은 구체적 내용에서나 교육과정에서 모두 생태민주주의를 구현할 주체성을 생산하며, 그러한 주체성은 경쟁에서 승리해 최후까지 생존하는 개체적 영웅이 아니라, 타인과 협력하면서 함께 보살피고 함께 삶을 영위하는 집

단적 공생자의 형태를 띨 것이다.[1]

일상적 관리와 위기 시 전환의 필요성

평시에는 가게나 복덕방, 편의점 등이 택배를 받아주고, 마을과 관련된 여러 가지 관리 업무나 소개 업무 등을 해낼 수 있다. 또한 마을 관리소를 통한 일상적인 주거 관리 서비스도 매우 중요한 자치 활동의 일부라고 할 수 있다. 협동조합이나 생협, 사회적 경제 등을 중심으로 한 마을 주민들의 상호 돌봄을 통해 일상적 돌봄이 이루어질 수 있으며, 이는 그저 돌봄의 시장화에 따라 기관을 유지하겠다는 의도가 아니라, 공동체를 이루기 위한 실천적인 노력이 담겨 있어야 할 것이다. 나아가 이러한 커뮤니티 공간을 통한 일상적인 정보 교환과 우애의 관계망 확보는 사실상 비상사태와 유사한 국면에서 가장 핵심적인 역할을 수행할 것이다. 또한 일상적인 에너지 절감과 재생에너지 확보 등을 통한 기후위기 대응과 돌봄을 통한 기후

---

[1] 민주시민교육이 상정하는 '시민'의 범위를 '이성적 판단이 가능한 인간'을 넘어서 비인간 존재로까지 확장하고, 나아가 '시민'을 개체적 차원을 넘어서 인간-자연-생명의 공생체로 재규정하는 기획으로, 이나미, 『생태시민으로 살아가기』, 알렙, 2023을 참고하라.

위기 적응의 노력이 서로를 보조할 때, 위기에 강한 공동체와 민주적 주민자치회를 발생시키는 출발점이 될 것이다. 공동체 내의 상호작용과 윤리적인 정동 돌봄은 여러 가지 형태의 위기 속에서 사람을 살리고, 절망과 공포에 휩싸인 사람들을 미래에 대한 희망찬 기대와 삶의 욕망으로 가득 찬 사람들로 바꿀 중요한 계기가 될 것이다. 이를 위해서는 기후위기에 대한 인식 이상으로 그 위기를 돌파할 힘을 기르는 것이 필요하며, 우리는 그것이 아래로부터의 민주적 역량 강화와 함께 이루어진다고 생각한다. 당연하게도 민주적 역량은 민주적인 인식과 태도를 가진 사람들을 많이 만들어낼 때 길러지는 것이며, 그러한 사람들은 다양한 형태의 소수자들과 연대하면서도 어떠한 편견이나 선입견에 사로잡히지 않으면서 그 누구와도 수평적인 관계를 맺을 수 있는 존재들이다. 이러한 존재들을 만들어내는 일이 오늘날 시급하다.

Climate Crisis And Constitutive Governance

에필로그

구성적 협치를 통한 연합과 탈성장

우리 시대의 협치는 그것이 위로부터의 제국적 협치든, 아래로부터의 구성적 협치든, 모두 위기에 대한 공통된 인식에서 출발하는 듯 보이며, 이때의 위기는 정확한 예측이나 완전한 계측이 불가능한 어떤 긴급한 격변의 상황에서 비롯된다. 1970년대 이래로 경제와 정치, 사회, 문화 등 문명사회가 형성한 여러 영역은 전 지구적 연결망을 통해 더욱 중첩되었으며, 그만큼 국지적인 영역에서 발생한 개별 사태가 세계 전체의 모든 영역에 일정한 영향력을 행사해 여러 형태의 위기가 우리의 일상에 스며들게 되었다. 가령 핵은 군사적인 문제 이상으로 정치적인 문제이며, 또한 핵발전소를 둘러싼 논쟁이 말해 주듯

과학적, 경제적 문제이자 폐기물 처리에 뒤따라 나오는 여러 형태의 사회적 문제와 연결되어 있다. 물론 오늘날 위기는 그것이 어떤 형태든 예측하지 못하는 상황에서 불현듯 발생하기는 하지만, 그 원인을 이해하는 것이 원천적으로 불가능하거나 그에 대한 대안이나 해법을 찾을 수 없는 것은 아니다. 오래전 스피노자가 우리에게 알려주었듯이 우리에게는 원인에 대한 적실한 앎, 더 많은 타자와의 기쁨과 사랑의 관계, 더 많은 함께-되기를 통한 존재 구성이 필요했던 것일지 모른다. 협치는 위기의 우발성이 낳는 카오스적 혼돈 속에서 살아가기 위해 질서와 제도를 내적으로 형성하려는 존재의 노력이다. 더 이상 선재하는 필연적 질서는 없으며, 사실상 어떤 사상이나 이념도 협치의 다차원적 결정 속에서 융합될 수 있다.

우리가 자본의 역사적 운동에서 목도한 바 있듯이, 자본은 화폐가 지닌 무차별성을 때로는 아나키즘적으로 때로는 가장 권위적인 명령의 형태로 시장 안에서 관철했다. 근래에 자본은 자유주의의 이름으로 실행되는 사회(민주)주의적 경제 정책이나 사회주의 국가들의 자발적 자유시장화 속에서 자신의 축적 운동을 전개한다. 이 상반되는 상황이 자본에게는 어떠한 모순도 일으키지 않는다. 또한 페미니즘이나 반인종 투쟁, 장애인 운동은 말할 것도 없고, 역사적으로 일어났던 68혁명이나

5·18 광주 민주화 운동, 1989년 천안문 사건조차 자본은 자신들의 문화 상품이나 상품 광고로 포섭하고 흡수하면서 운동을 순치하고 그러한 해방의 욕망을 상품 구매의 욕구로, 교환가치의 증식으로 치환한다. 자본과 마찬가지로 전 지구적 엘리트들의 협치(오늘날 외교 무대에서의 협치가 실상은 무수한 자본의 요구를 다양한 형태로 수용하고 표현한다는 점에서 실제로 국가의 대표자 간의 협치는 자본의 협치로 점점 더 수렴되고 있다)는 오늘날의 기후위기 속에서 외견상 산업 생산 부문을 제약하면서 녹색 분칠(그린워싱)이나 녹색 성장을 표방하고, 그로써 새로운 기업 형태나 자본 형태로의 변형을 촉진한다. 그런 점에서 정부와 지방자치단체가 생활 폐기물을 최대한 재생하겠다고 발표하거나 모든 정당이 탄소 제로 정책을, 자신들의 선거 구호로 내세우면서 화석연료를 줄이려는 모습을 보이는 것은 위로부터의 전 지구적 협치에 호응하면서 그것을 다시 국내 정치의 도구로 이용하려는 노력의 발로일 것이다.[1]

전 지구적 귀족들, 엘리트들이 느끼는 위기의식이 자신들

---

[1] 이것은 한국에서 보수 정치인들이 핵발전소를 증설하겠다는 근거가 되기도 한다. 즉 그들은 핵발전소를 통해 화석연료 감축을 이뤄낼 수 있다고 말하는데, 핵발전소가 주변 지역의 생태를 파괴하는 것은 물론이고 다른 어떤 에너지 형태보다도 더 장기적이고 더 심각한 전 국토의 해양 및 토지 오염을 유발한다는 점에서 그 실제 결말은 그 위기를 겪을 모두에게는 참으로 비극적이다.

이 재현하고 지배하는 세상이 흔들릴 것이라는 두려움에서 나온다면, 아래로부터의 다중이 느끼는 생태위기는 자신들이 생활을 영위하고 타자들과 관계 맺는 관계망이 무너질 수 있다는 우려에서 나온다. 이러한 다중의 위기의식은 살고자 하는 욕망, 존재를 지속하려는 노력으로서의 코나투스에서 기인하는데, 이는 그러한 위기에 대한 대응으로서 다중의 더 치밀한 관계망 설립을 필연적으로 동반한다. 이 과정에서 여러 다양한 요소를 분자적으로 결합한 각 개인들은 자신들이 살아갈 길을 스스로 선택하고 결정하면서도 협치를 비선형적이며 비가역적인 방식으로 변화시킬 가능성과 잠재력에 대해 주의를 기울일 필요가 있다. 그런 점에서 구성적 협치는 아래로부터의 다중과 함께 분자 인간이 활약하면서 자신의 속성을 바꿀 특이점 생산을 한다는 점에 주목해야 할 것이다. 여기서의 특이점은 선형적인 인과론이 갖고 있는 하나 마나 한 이야기가 아니라, 참신하고 혁신적이며, 선도적인 분자로서의 인간이 배열장치의 속성을 바꾸어내기 위해서 연결접속의 방식을 달리하고, 조직화의 분자적인 요소를 극대화할 필요가 있다.

그러한 분자 인간이 네트워크에서 맺는 관계는 비스듬한 횡단적인 관계이며, 수직의 위계와 수평의 게토 사이에서 아주 절묘한 횡단선으로서 여러 사람들을 연결하면서도 동시에 탈주선의 역할도 함께 하는 것을 생각해 볼 수 있다. 이러한 분자 인간의 삶의 리듬과 화음은 차이 나는 반복이 만들어낼 것이며, 그 모든 기계체가 서로 연결된 전 지구적 협치의 상태에서 분자 혁명이라는 작은 균열이 연쇄반응을 일으켜 결국 눈덩이 효과를 만들어내는 것을 생각해 볼 수 있다. 분자 혁명은 분자 인간들이 단순히 초인으로서 지위를 갖는 것이 아니라, 분자적인 다양체를 설립해 놓은 네트워크 혁명의 주역이라는 점을 얘기해 볼 수 있다.

문제가 되는 것은 분자 혁명을 일으킬 전 지구적 협치의 판이라고 할 수 있는 유엔이나 G20와 같은 조직화 양식이 현재의 위기에 전혀 효과적이지 않다는 점이다. 각국을 대표하여 파견되는 이들은 국민국가를 유지하기 위한 국가 간의 경쟁적 논리를 벗어나기 힘들고, 그것은 그들이 성장주의나 이윤의 극대화를 포기할 수 없는 계기가 되기 때문이다. 그렇기에 전 지구적 협치는 생태 파괴가 이뤄지는 현재의 상황을 타개할 수 없다. 우리가 생각하기에 현재의 위기에 대응하기 위해서는 지역주의에서 연방주의로 바로 연결될 수 있는 아래로부터의 네트워크 혁명이 필요하며, 그것은 지금까지 인류가 만들어낸 무수한 형태의 민주주의들을 참조하면서도 그 이상의 새로운 질서와 제도를 만들어낼 것이다. 그리고 그 시작은 각 지역에서 벌어지는 개발 사업이나 지엽적이라고 지칭되는 각 지역의 생태 파괴에 맞서 대안을 제기하고 지역 주민들 모두가 관심을 기울이면서 그러한 갈등 상황에 개입하는 것에서 비롯될 것이다. 우리는 그것이 앞으로 만들어질 세계연방주의의 기반이 되어야 한다고 생각한다. 그와는 달리 유엔으로 대표되는 현재의 연방주의는 NGO 스타일의 협치 즉, 약한 상호작용의 협치를 하는 데 있다. 이러한 유엔의 연방주의를 훨씬 뛰어넘는 강렬한 상호작용이 이루어지는 전 지구적 협치의 필요성은 오늘날의 기후위기 상황에서 더욱 절실히 제기되고 있다. 특히 훨씬 더 파괴적인 기후재난의 시대를 살아가야 하는 미래 세대에게는 그에 대한 대응 및 삶의 대안을 실현할 실효적인 제도가 수립되는 것이 중요할 것이다. 기후위기에 대한 완화와 적응의 방법을 일관되게 적용할 국제적 어젠다를 어떻게 각 지역의 교육과정이나 교육 현장에서 제기할 것인가의 문제가 고민되어야 하며, 그 과정에서 미래 세대 자신이 그러한 대안 수립에 목소리를 내면서 의사결정에 참여하도록 제도적인 보완이 이뤄져야 할 것이다.

분자 인간의 활약에도 불구하고, 중요한 것은 어떤 정치 세력이나 사회 세력도 단독으로 기후위기나 탈성장 등에 대해서 효과적으로 개입할 수 없다는 점에 대해서 수긍하고 인정해야 할 상황이라는 것이다. 하물며 독재나 중앙집중화 등은 비상사태에서 잘 해낼 것 같으면서도, 생태권위주의나 에코파시즘을 형성하여 구성적 협치와 생태민주주의보다 훨씬 더 비효율적이며 비민주적으로 귀결됨을 체감할 것이다. 특히 총동원이나 단일 전선이 불가능해진 복잡계 현실에서 어느 인과관계 하나만 믿고 따르는 것이 아니라, 다양한 인과관계와 상관관계가 어우러져 있는 상태에서의 참신한 추론과 신선한 아이디어가 필요한 것은 당연하다. 과거 통치에서 인과관계로서의 이야기 구조는 사실상 문제 해결에 어떠한 도움도 되지 않았다는 점에 대해 유념한다면, 복잡계로서의 연결망과 사회역학적인 측면과 사회화학적인 측면을 두루 고려하면서 특이점을 관통하는 강렬한 구성적 협치의 시대가 다가오고 있음을 알 수 있다. 특히 협치가 갖고 있는 재건적이고 구성적인 성격은 기후위기 시대를 현명하게 해결하고 그다음까지도 약속할 수 있는 적절한 생태민주주의의 방법이라는 점을 깨닫게 될 것이다.

이탈리아의 철학자 에마누엘레 코치아(Emanuele Coccia)는 이렇게 말한다. "우리가 호흡하는 공기는 (……) 다른 생명체의 호흡이다. 그것은 '다른 존재들의 삶'의 부산물이다. 호흡은 수많은 유기체의 첫 번째이자 가장 사소하고 무의식적인 삶의 행위이며, 우리는 다른 존재들의 삶에 의존한다. 그러나 무엇보다도 다른 존재들의 삶과 그 삶이 드러내는 것은 실재(reality) 그 자체이며, 우리가 세상이나 매체라고 부르는 것의 몸과 물질이다. 호흡은 이미 최초의 식인 풍습이며, 우리는 매일 식물의 기체 배설물을 먹고 살아간다."[2] 지구 안에 거주하는 모든 존재는 그것이 살아 있는 것인 한에서 서로 얽히고설킨 진창 속에서 서로 포개어진 채 살아갈 수밖에 없다. 우리는 다른 존재들의 부산물이나 배설물, 한때는 그것들의 몸을 구성했다가 떨어져 나온 바로 그 비체들을 우리 안으로 흡수할 때 비로소 생명을 영위할 수 있다. 이러한 발상은 우리가 지구 안에서 거주하는 자들로서 이미 존재론적으로 생명 협치의 삶을 영위하고 있음을 말해 준다. 우리는 적자생존의 경쟁처럼 보이는 그 순간조차도 이미 다른 존재들(식물, 동물, 광물, 대기, 바이러스 등)에 의존해서 살아간다. 우리는 오늘날 기후위기를 살아가는 이들에게 바로 이 의존 관계를 '구성적 협치'나 '공생적 협치'라는 생태적이고 정치적인 개념을 통해 대안을 제시하고자 했다. 즉 사물, 인간, 자연, 기계, 미생물 등과 공생명화를 이루면서 문제의 해법을 생태정치적인 실천으로 구현하는 길을 열고자 했다. 인간과 비인간이 이루는 협치이자 모든 생명체의 코나투스 연

---

[2] Emanuele Coccia, *The Life of Plants: A Metaphysics of Mixture*, trans. Dylan J. Montanari, Polity, 2019, p. 47.

대를 말이다.

그렇다면 이러한 존재론적 조건 속에서 미래를 만들어갈 주체성은 어떻게 이해되어야 하는가? 라투르는 말한다. "새로운 여기 이 낮은 곳, 달 아래의 세계에서 우리 지구생활자들은 고유한 의미의 물질을 조우하는 것도, 활기 없는 것들을 마주치는 것도 아니다. 우리에게 일어나는 일은 오로지 한편의 생물체들이 다른 편의 생명체들(땅, 하늘, 태양, 공기도 이에 포함된다)과 더불어 고정하고, 일으키고, 유지하고, 감싸고, 포개고, 융합하는 벽감들, 기포, 둥근 포위망들을 교란하고 강화하고 복잡하게 하는 일뿐이다. 이런 의미에서 우리의 세계경험은 물질적이지도, 영적이지도 않다. 우리의 경험은 다른 신체들과 함께 이루는 구성에 속한다."[3] 이제 모든 것은 전과 동일하되 더 이상 근대와 똑같은 의미로 물질적이지는 않은 이 세계를 다르게 사는 능력에 달렸다. 라투르에 따르면 오늘날 문제의 핵심은 위와 아래 또는 물질적인 것과 영적인 것이 아닌, 땅 위의 삶과 함께하는 삶 사이의 긴장이라고 할 수 있다. 그러한 땅 위의 삶과 함께하는 삶 사이의 긴장은 역동성을 갖고 민주적 관계망을 설립한다. 물론 아래로부터 득실거리고 아우성치는 다

---

[3] 브뤼노 라투르, 김예령 옮김, 『나는 어디에 있는가?』, 이음, 2021, 82-83쪽.

중의 군주 되기를 통해서 미학적이고 윤리적인 구성적 협치가 가능하다는 점에 대한 광범위한 인식이 필요하며, 이러한 구성적 협치가 위기에 강한 협치라는 사실 역시 지적되어야 할 것이다. 우리는 이 아래로부터의 협치, 풀뿌리 민주주의이자 모든 존재가 서로에게 의존하면서도 또한 서로를 살리는 공생적 어우러짐만이 지금 기후위기의 유일한 실효적 대안이라고 생각한다. 우리를 변신시켜 새로운 차이의 존재로 탄생시킬 우리 자신의 내적 혁명을 지금 바로 시작하자!

참고문헌

가라타니 고진, 조영일 옮김, 『제국의 구조』, 도서출판b, 2016.
권범철, 「생태위기와 돌봄의 조건」, 《문화과학》, 통권 109호, 2022.
대니얼 리 클라인맨, 김명진·김병윤·오은정 옮김, 『과학 기술 민주주의』, 갈무리, 2012.
데보라 코웬, 권범철 옮김, 『로지스틱스: 전 지구적 물류의 치명적 폭력과 죽음의 삶』, 갈무리, 2017.
도나 해러웨이, 최유나 옮김, 『트러블과 함께하기』, 마농지, 2021.
도넬라 H. 메도즈, 데니스 L. 메도즈, 요르겐 랜더스, 김병순 옮김, 『성장의 한계』, 갈라파고스, 2021.
도서출판b 편집부, 「기후위기에서 기후 정의로」, 《뉴 래디컬 리뷰》, 통권 2호, 도서출판b, 2021.

레스터 브라운, 김윤성·조승헌·전한해원·박준식·조영탁 옮김, 『에코 이코노미: 지구를 살리는 새로운 경제학』, 도요새, 2003.

롭 닉슨, 김홍옥 옮김, 『느린 폭력과 빈자의 환경주의』, 에코리브르, 2020.

마리아 미즈, 최재인 옮김, 『가부장제와 자본주의』, 갈무리, 2014.

마리아로사 달라 코스따, 이영주·김현지 옮김, 『페미니즘의 투쟁』, 갈무리, 2020.

마티아스 클룸, 요한 록스트룀, 김홍옥 옮김, 『지구한계의 경계에서』, 에코리브르, 2017.

문화과학 편집위원회, 「기후 생태 커먼즈」, 『문화과학』, 통권 109호, 문화과학사, 2022.

브뤼노 라투르, 홍철기 옮김, 『우리는 결코 근대인이었던 적이 없다』, 갈무리, 2009.

브뤼노 라투르, 김예령 옮김, 『나는 어디에 있는가?: 코로나 사태와 격리가 지구생활자들에게 주는 교훈』, 이음, 2021.

사이토 고헤이, 김영현 옮김, 『지속 불가능 자본주의』, 다다서재, 2021.

시민과학센터, 『시민의 과학: 과학의 공공성 회복을 위한 시민사회의 전략』, 사이언스북스, 2011.

신승철, 『떡갈나무 혁명을 꿈꾸다』, 한살림, 2022.

안토니오 네그리, 마이클 하트, 윤수종 옮김, 『제국』, 이학사, 2001.

안토니오 네그리, 마이클 하트, 윤영광·정남영 옮김, 『공통체』, 사월의책, 2014.

안토니오 네그리, 마이클 하트, 정유진·이승준 옮김, 『어셈블리』, 알렙, 2020.

야마모리 도루, 은혜 옮김, 『기본소득이 알려주는 것들』, 삼인, 2018.

요르고스 칼리스, 자코모 달리사, 페데리코 데마리아, 수전 폴슨, 우석영·장석준 옮김, 『디그로쓰』, 산현재, 2021.

여성문화이론연구소, 「탈성장: 기후위기와 불평등 심화, 방향전환의 열쇳말」, 《여/성이론》, 통권 47호, 도서출판 여이연, 2022.

완다 쉽맨, 문명식 옮김, 『동물들의 집짓기』, 지호, 2003.

요한 록스트룀, 오웬 가프니, 전병옥 옮김, 『브레이킹 바운더리스』, 사이언스북스, 2022.

움베르토 마뚜라나, 프란시스코 바렐라, 최호영 옮김, 『앎의 나무』, 갈무리, 2007.

이나미, 『생태시민으로 살아가기』, 알렙, 2023.

이승준, 「인간과 자연, 영원한 적대의 대쌍인가?」, 《뉴 래디컬 리뷰》, 통권 3호, 도서출판b, 2022.

이종오, 「ESG, 파도 아닌 바람을 보자」, 〈생태적지혜미디어〉, 2021년 7월 17일.

자코모 달리사, 페데리코 데마리아, 요르고스 칼리스, 강이현 옮김, 『탈성장 개념어 사전』, 그물코, 2018.

정상호, 「서울시 시민참여행정의 성과와 과제: 정책토론회를 중심으로」, 『NGO연구』, 제9권 1호, 2014.

제이슨 히켈, 김현우·민정희 옮김, 『적을수록 풍요롭다: 지구를 구하는 탈성장』, 창비, 2021.

조정환, 『절대민주주의: 신자유주의 이후의 생명과 혁명』, 갈무리, 2017.

질 들뢰즈, 김상환 옮김, 『차이와 반복』, 민음사, 2004.

질 들뢰즈, 펠릭스 가타리, 김재인 옮김, 『안티 오이디푸스』, 민음사, 2014.

최유나, 『해러웨이, 공-산의 사유』, 도서출판b, 2020.

칼 마르크스, 김수행 옮김, 『자본론 1(상)』, 비봉출판사, 1995.

칼 폴라니, 홍기빈 옮김, 『거대한 전환』, 도서출판길, 2009.

케이트 레이워스, 홍기빈 옮김, 『도넛 경제학』, 학고재, 2018.

크리스티앙 보뱅, 이창실 옮김, 『아시시의 프란체스코』, 마음산책, 2008.

티머시 모턴, 김용규 옮김, 『인류: 비인간적 존재들과의 연대』, 부산대학교출판문화원, 2021.

파블로 솔론 외, 김신양·김현우·허남혁 옮김, 『다른 세상을 위한 7가지 대안』, 착한책가게, 2018.

펠릭스 가타리, 윤수종 옮김, 『카오스 모제』, 동문선, 2003.

필리프 판 파레이스, 조현진 옮김, 『모두에게 실질적 자유를』, 후마니타스, 2016.

해리클리버, 조정환 옮김, 『자본을 어떻게 읽을 것인가』, 갈무리, 2018.

호주 내셔W널 기후복원센터, 이승준 옮김, 「실존적인 기후 관련 안보 위기: 시나리오적 접근」, 〈생태적지혜미디어〉, 2019년 7월 11일 발행.

호주 내셔널 기후복원센터, 이승준·박성진 옮김, 「기후 도미노: 중대한 기후 시스템들이 임계점에 도달했음을 알리는 위험신호」, 〈생태적지혜미디어〉, 2022년 8월 26일 발행.

홍성욱, 「7가지 테제로 이해하는 ANT」, 『인간·사물·동맹』, 브루노 라투르 외 지음, 도서출판이음, 2010.

Antonio Negri, *Spinoza for our time: politics and postmodernity*, trans. William McCuaig, New York: Columbia University Press, 2013.

David Spratt, Ian Dunlop, *Existential climate-related security risk: A scenario approach*, Melbourne: breakthrough, 2019.

David Spratt, Ian Dunlop, *Climate Dominoes: Tipping point risks for critical climate systems*, Melbourne: breakthrough, 2022.

Donna J. Haraway, *Staying with the Trouble: Making Kin in the Chthulucene*, Durham and London: Duke University Press, 2016.

Emanuele Coccia, *The Life of Plants: A Metaphysics of Mixture*, trans. Dylan J. Montanari, Polity, 2019

N. Breeze, 'Professor Jason Box | Greenland today & [not for] tomorrow#COP26Glasgow', 12 November, 2021.

Paul Voosen, 'The Arctic is warming four times faster than the rest of the world', Science, 14 December, 2021.

그린풋 04
생태민주주의 시리즈

기후 협치

1판 1쇄 발행 2025년 8월 25일

지은이 신승철, 이승준

펴낸이 조영남
펴낸곳 알렙

출판등록 2009년 11월 19일 제313-2010-132호
주소 경기도 고양시 일산서구 중앙로 1455 대우시티프라자 715호
전자우편 alephbook@naver.com
전화 031-913-2018   **팩스** 031-913-2019

ISBN 979-11-89333-99-7 03300